DON'T SELL ME
TELL ME

How to use storytelling to connect with
the hearts and wallets of a hungry audience

别卖给我，讲给我

［美］格雷格·科翰◎著
（Greg Koorhan）

吴少骊◎译

中国人民大学出版社
·北 京·

献给我的妻子特莉，以及我了不起的孩子利奥和索菲，他们一直坚定不移地支持我每一个疯狂的想法。我全心全意地爱着你们，越来越爱。

目　录

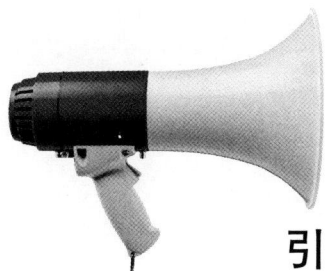

引　言

　　每个企业主都希望能在自己所属的市场上脱颖而出，但大多数人都在默默无闻中苦苦挣扎。对于他们的潜在客户来说，他们的企业看起来千篇一律，他们的营销信息没有特色，品牌也不够独特。这些企业虽没少在广告上花钱，也精心设计了企业的商标或者网站，但似乎依然没能得到多少关注。

　　《别卖给我，讲给我》将向你展示如何从相似的芸芸众生中崭露头角，建立一个强大、辨识度高且能被客户了解、喜欢和信任的品牌；帮助你快速地向你的潜在客户阐述你的独特价值，最终收获一批像粉丝一样忠诚的买家。本书是献给那些不甘于在自己的市场上做"秘密武器"的企业管理者和企业家们的。

　　30多年来，我协助本地、国内乃至国际公司开展营销活动，打破混乱局面，发展业务。我总是面对相似的主题，碰上常见的陷阱。而作为一个一流的电影人和作家，我一直竭尽全力，试图从日常生活中汲取真实、独特和有趣味的灵感。

　　自信于自己的产品有用武之地却苦于产品难以引起客户注意的企业家们，会发现这本书里的指导方针是一条令人耳目一新的捷径。这条捷径能让品牌信息以一种有意义的方式与理想的客户建立联系，并重建他们对品牌的信任。

　　本书不会教你如何挑选颜色重新设计公司的商标，也不是又一本关于营销手段或秘密武器的书。话说回来，其实本书还避开了当今大多数企业的选择。

客户和学生们是这么评价本书的："书里的建议很实用，很快就用得上。我现在看待市场的角度和以前完全不同了，效果立竿见影！"

我敢保证，如果你遵循本书中的简单步骤，你的市场营销效率将会提高 10 倍不止，除此之外，你还能建立起一个出类拔萃的品牌——让你的理想客户真正地注意到你。你将在前所未有的层面与最可获利的受众群体建立联系。

你可以继续讲着雷同的故事，不厌其烦地描述着你（和你所有的竞争对手一样）一成不变、雷同的品牌营销信息，达到一些不起眼的效果。然而，你也可以选择遵循一条只有少数领导者才能在市场上发现的规律。你只需要继续读下去，就有机会在市场上一马当先。下面的章节将为你提供崭新的见解，并为你指出建立独特且令人难忘的品牌的明确途径，教你如何吸引越来越多的热心买家。

你可以做到的。其实，每个人都能做到。但大多数人不愿意付出这个努力。毕竟，欺骗自己会更容易一些。

现在，是时候抛开"总有一天会有人注意到我"的幻想了，你应该把你的品牌信息与市场之间的联系牢牢掌握在自己手里。

是时候讲一个更动人的故事了。

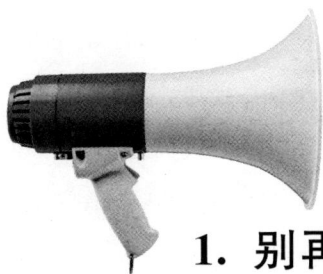

1. 别再夸大其词

曾几何时

曾几何时，企业和客户之间是很容易建立联系的。比如，你拥有一家企业，而且很有可能是家本地企业。你认识你的客户，因为你每天都能遇见他们；你认识他们的家人，也知道他们住在哪里；你知道什么能让他们开心，也了解他们遇到的挫折。他们也清楚你的状况，他们喜欢和你做生意，他们了解你的故事和你的立场。他们忠于你，而你也忠于他们。时至今日，这听起来简直就像一个童话故事，只会发生在幻想中的小镇上。

今天，尽管每家企业仍然需要与客户建立联系，但说起来容易做起来难。众所周知，我们都被无穷无尽的广告和促销信息轰炸着，这常常让我们摸不着头脑。想推广自己，只是喊得更大声或更频繁算不上一个好办法。只要有足够的钱，任何一家企业都能在客户面前展现自己。然而问题是，如何才能真正吸引到客户的注意力？

有效营销是为准确的受众提供正确的信息，并在恰当的时间通过适当的媒介发散出去。这一点的核心，时至今日仍然有效。在本书中，我们会对每一个成分进行探讨：信息、受众、媒介和时间点。但在那之前，我们先向你展示一下如何避开大大小小的企业在营销中常见的坏习惯。

简单地说，多年来，许多企业的市场营销和品牌定位都由于"弄虚作假，夸大其词"而名声扫地。还记得有人从稻草一步一步换到黄金的那个童话故事吗？在现实生活中，当代市场上的转换活动也是去做类似的尝试。只不过现在的企业试图把商品转换成一些特殊的东西，把拙劣的服务粉饰得令人满意，把关系糟糕的客户扭曲成忠实的买家。

这种情况已经持续了许多年。正如我所说，现在流行这么做。但这并不意味着它有用。随着时间的推移，越来越多的消费者看透了这种伎俩。我们都厌倦了不真实的营销信息和促销炒作。大部分广告对我们来说都是噪音，那些天花乱坠的宣传我们都信不过，剩下的那些则大多被我们忽略了。

只有少数几家企业的信息在竞争中幸存下来，这些企业达成了其他企业做梦都想不到的目标。它们的受众与它们保持紧密联系，并且始终忠实。它们的客户甚至期待着企业接下来的动向。

到底是什么让它们如此不同、如此独特？

也没那么独特

首先，似乎是众所周知的，如果和其他竞争者过于雷同，企业是永远不可能突出重围的。然而，大多数企业认为，独特的销售主张便是使用与其他行业雷同的累赘短语和营销术语。

如果你做过一段时间的生意，应该听过各家企业是怎么谈论它们的员工的，除此之外还有它们对自己的流程和技术的夸赞，就好像这便是它们的过人之处。温馨提示：每家企业都有自己的员工、流程和技术。单是我从顾问们那里听来的，对他们将战略、创意和技术相结合的"独特"方式的吹嘘就数不胜数。也因为他们是顾问，所以通常他们还会附上文氏图①。就好像不知怎么的，这就能把他们与其他将战略、创意和技术相结合的顾问区分开一样。

而相比之下更糟糕的，是那些只使用术语来描述它们行业的企业。在你的市场上，只使用行话来营销，恰恰证明了你的懒惰。这就像是在自说自话。毕竟，大部分行话和术语是消费者不关心也不理解的缩略词或短语。所以，用术语宣传会起到反效果，它混淆了企业的受众，给营销构成了又一个障碍。

---

① 在所谓的集合论（或者"类"的理论）数学分支中，在不太严格的意义下用以表示集合（或类）的一种草图。它们用于展示在不同的事物群组（集合）之间的数学或逻辑联系，尤其适合用来表示集合（或类）之间的"大致关系"。它们也常常被用来帮助推导（或理解推导过程）关于集合运算（或类运算）的一些规律。——译者注。本书脚注除特别说明外，均为译者所注。

这就是所谓的打官腔。千万别打官腔。

打官腔最大的问题在于，它显得你和其他竞争对手如出一辙，就好像这样能使你显得更正统、更可信似的。结果嘛，正好相反。使用这些行业术语，对受众而言毫无意义，只能让企业听起来更"睿智"，但这又拉开了企业和其受众之间的距离。

因此，与受众建立更好的联系的第一步，是抛弃行业内每家企业都在使用的官腔、行话和长篇累牍的术语。下一步，则是认识到另一头"房间里的大象"①——那就是：一条信息，如果说出它的人同时也是唯一相信它的人，那么它便不是一条有效信息。

透过面纱看真相

早些时候，媒体还具有一定的可信度，营销信息则只是时不时会被怀疑。但经过多年无差别的打官腔和营销炒作，媒体的可信度也逐渐降低了。很明显，消费者们已经看透了当下造势营销的热潮。

---

① 英语谚语，指在人们私密生活和公共生活中，对于某些显而易见的事实集体保持沉默的社会现象。

让我们来看看如今最大的两个消费群体：婴儿潮一代①和千禧一代②。婴儿潮一代便是电视剧《广告狂人》中描述的那代人。那个年代的广告反映了社会的愿望：构建理想的未来，绘出美国梦的蓝图。但数十年过去了，在购买了太多产品却依然没有实现美国梦之际，婴儿潮一代终于受够了。简单来说，他们已经忍受了太久。现在的他们正在寻找更为真实的东西。

而另一方面，千禧一代却从不信任"老一套"。他们在质疑中成长，总是对企业抱有一定程度的怀疑。对于他们而言，"一直以来都是那样"从来都不是一个足够好的理由。这可能是因为，他们很清楚对自己而言重要的究竟是什么，或者可能因为他们觉得有比老一套更好的方法；但是，无论是哪一种情况，这一代人都已经不吃造势宣传这一套了。

对于这两种人群来说，无差别地进行信息轰炸，且不说并不能使企业在竞争中脱颖而出，还有可能导致更坏的结果：人们有可能更加不理解这家企业的主营业务，也越发不清楚这家企业究竟想表达什么。

这使我们走到了第三步，也是最重要的一步：言出

---

① 特指美国第二次世界大战后的"4664"现象：1946—1964 年，这 18 年间婴儿潮人口高达 7 600 万人，这个人群被通称为"婴儿潮一代"。

② 指出生于 20 世纪，在 20 世纪时未成年，在跨入 21 世纪（即 2000 年）以后达到成年年龄的一代人。

必行。

言行不一

每家企业都说它想变得独一无二。然而，事实似乎往往是与之相悖的。它说想变得更活泼，然而用的还是最谨慎的话语和最平淡无奇的比喻。它说想更有创造力，却根本不愿意尝试新的创意。它希望脱颖而出，希望自己听起来与众不同，可是使用的却是与其他企业完全相同的言辞。

又或者，它确实表态，做出改变，把自己的市场定位变得更有活力，但这与它无论内部还是外在的实际行动都相违背。我们其实都做过类似的事情，即便有时候不是在做生意，而是在日常生活当中。这其实也不能怪任何人。首先，言行一致本身就不是一件易事。这就像是健康饮食或健身——我们知道我们应该做什么，我们知道这对我们有好处，但我们依然尽自己所能偷吃巧克力棒。

我也做过类似的事情。其实，我现在还在做类似的事情。在矛盾中挣扎是每个人都有可能遇到的问题。但是，当我们言行不一致时，就会让其他的一切变得更加艰难。即使有一天，我们真的提出一个独特的想法，但若不按其行事，那它也会变得不那么可信。

实际上，我们唯一愚弄的就是我们自己。

你是否有过这样的经历：打电话给某家公司，线路始终繁忙，而电话那头一遍又一遍地播放着循环录音，说着你对他们而言有多重要。如果你真的那么重要，他们怎么可能不回答你的问题，而让你一直在电话这头干等呢？

好吧，又比如，作为企业主的我们都知道"言行不一"是个坏主意，但为什么我们仍然这样做呢？为什么在市场营销中，我们不断地向公众展现的是一回事，实际行动时则完全是另外一回事——同时还企图说服自己这是有效的营销传播？你可以让它合理化，你也可以否认，但我们就是在撒谎，至少是在欺骗自己。

"你说的撒谎是什么意思？"你也许会这么说，"我可不是个骗子！"

也许你不是故意的。没有人会认为自己是个骗子。那么，现在我们来谈一谈：我们究竟为什么撒谎？

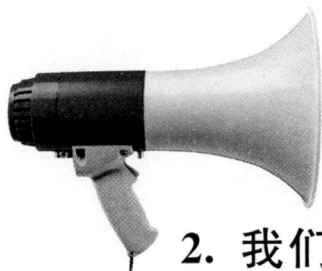

2. 我们究竟在对谁撒谎？

欺骗他人

当我们使用"撒谎""欺骗"这样的词时，联想到的是蓄意弄虚作假或开展一些具有欺骗性的行为——比如试图为了个人利益而"蒙骗他人"，强调的往往是"蓄意"这个词。实际上，无论是在生意中还是在生活中，我认为总的来说还是好人多，并且大家都更倾向于做正确的事情。大多数人不是为了欺骗大众而创业的。

但我们是人，总有一些状况会导致我们没法一直做正确的事。

首先，最常见的情况就是避免难堪。

例如，我们应该都遇到过这种情况：当错误已经犯下时，人们却不愿意承认，甚至企图掩饰它。这往往意味着麻烦的开始。

一个错误——除非事关生死——只不过是个错误而已，通常不会是一个无法攻克的难题。处理错误的时候可能困难重重，但并不代表无法解决。真正的问题在于：公司或其领导层不愿意承认错误并承担责任。或者更糟的是，他们试图故意掩盖它；之后，他们为避免难堪，不得不一步步圆谎。

这些谎言最终总是会被揭露出来，而到那时又产生了一个更大的问题——信任缺失。为了不让自己难堪，撒谎者把情况变得更糟了。因为缺乏信任是一个会持续较长时间的问题，比原来的错误所造成的挑战更难克服，所以，讽刺的是，虽然这些谎言源于对外界批判的担忧，但撒谎的结果却通常会比撒谎者想要避免的情况更糟。

只在没有威胁的时候说真话，同样也会带来隐藏的、精神上的成本。当避免后果成为重中之重时，我们最终只在对自己有利的时候说出真相，那么我们也将不得不面对一系列烦琐、令人不悦的背景审查。

这些问题堆积起来，势必会影响未来的决策。这可不是为生意打基础的方法。

好的，现在我们了解了这个定义下的撒谎——尤其是蓄意的——是糟糕的，无论从道德上还是从心理上来说都是不好的，甚至还不合法。

现在我来做一个假设：因为你正在读这本书，所以你应该是一个想说出真相、想建立一家你可以引以为傲的企业及其品牌的人。

接下来，让我们来看看另一种说谎方式——同样可能会对你和你的企业造成伤害。这另一种说谎不是像我们刚刚讨论过的情况那样，属于蓄意而为但无伤大雅的"小谎"。在这另一种谎言中，我们永远不会做出错误的陈述，因为我们自己都不知道真相。毕竟,如果你不知道真相的话,你也就不能分享真相。有时候,面对事实比忽视或逃避它难得多。

如果我们根本不想知道答案,我们会下意识地问自己:为什么还要花这个时间去研究这个问题?

这样的想法绊倒了许多企业,并可能在你不知情的情况下破坏品牌的可信度。让我们看看接下来这条。

欺骗自己

很简单,如果我们不深度挖掘,如果我们避开真相,那么我们就是在撒谎。

这不是一道判决。这也不完全是你的错。

每个人都会这样做。避免不适是一种保护机制。害怕受到伤害或表现出弱点是很正常的。这种本能就存在于我们的DNA里,从千万年前我们捕猎时起就是这样。从动物身上,你也依然能看到这一点。如果你的弱点暴露出来,你就可能成为猎物——被捕杀的猎物。

当你在群体中以这种方式突显出来,就意味着你已经成为附近捕食者的猎物。

毕竟,没有人愿意成为猎物,所以花时间和精力暴露自己的漏洞肯定不是人们优先考虑的选择。事实上,情况恰恰相反。人们为了"保护自己"不暴露任何弱点，已经开发出了"技巧"——完全不假思索就能套用的"技巧"。

我们欺骗自己，毕竟如果不这么做的话，就是承认我们确实有弱点。

所以，从本能上说，暴露弱点是危险的——怎么还会有人责怪你呢？当你认为窘迫或被批判的感觉是一种软弱的表现时，想要挽回颜面也是很正常的。

想要"被接受"——被喜欢或被接纳，是内心的本能。所以，这一点完全可以理解。

另一个引起负面关注的可能是我们过于显眼——通常是因为我们说的话和我们做的事。我们总是担心自己会冒犯别人，让他们失望或让他们不再喜欢我们。这一点通常在创作营销信息时会用上——"保持政治正确"——然而，这种想法往往是我们想当然地自说自话，情愿自我欺骗也不愿回望过去、探寻真相的原因。真正的原因可能不是因为我们怕得罪人，或者担心让对方感觉不佳，而是因为我们害怕担忧成真。

其实，这种担忧和之前一样，就是害怕没人喜欢我们、害怕自己会被孤立。

你永远无法满足所有人的要求。如果你试图得到所有人的喜爱，结果可能是最终没有任何一个人真心喜欢你。

我们不希望自己过于显眼的另一个原因，是我们不确定这种显眼会带来什么回报。想象一下，一个满是学生的教室，每个人都尽量避免与老师对视，因为害怕被叫起来回答问题。我们宁愿避开这种注视。

从竞争中脱颖而出，通常情况下都会导致更多的互动。那么，如果你不喜欢这种互动呢？

有时候，你不想通过深度对话来毁掉一段完美但非常表面的关系。毕竟，如果你大胆地陈述自己的立场，那么，公平起见，你也得允许其他人陈述自己的立场。

这会带来什么风险？对方的观点可能与你的观点冲突，他可能会批评你的看法，你们甚至有可能激烈地争吵起来。但是，当我们有意无意地躲在这种担忧的阴影里，也可能会因此失去建立更深层次关系的能力。

请记住，这些行为很多都不是有意而为。这是一直存在于我们内心的、自然的表现，完全可以理解。

然而，退一步思考，你会发现：无论我们多么担心、烦恼或恐惧，我们都无法控制他人对我们话语的理解和回应。我们能控制我们说话的方式，却不能控制人们对它的理解或反应。事实上，试图保护、隐藏或重塑真相，其实是在削弱对方，限制他们获取重要信息的机会，轻视他们的潜力。如果你是站在一个只想获得好反响的角度说话，他们很可能会按照你的预期理解你的话语并调整自己，做出适当的反应。

我想说的其实是：不要低估你的客户。表达你对他们处理能力的信任，让他们有给你制造惊喜的机会。

让自己面对真相，需要认知和练习。认知便是要撇开本能的担忧，直面真相，然后通过不断练习提高沟通技巧，把真相用有意义的方式表达出来。

诚实让你自由

当我们愿意诚实面对自己时，我们就拥有了一个难以置信的机会，可以让自己在商业竞争之中脱颖而出。为什么这么说？因为，首先，毕竟生意场上没有多少人能做到诚实面对自我，所以只要你开始尝试诚信做事，便能在生意场上崭露头角。

那么，恭喜你！知道自己有机会成为赢家是件好事——而且我们还没说到重点呢！

其次，在你愿意诚实面对自己之后，你也给了自己一个机会去更好地理解你生意的内核，以及如何更好地服务理想的客户。这种洞察力是非常有价值的，大多数企业主都没机会接触它！

再次，诚实的感受和情感是故事坚实的根基。为什么这一点会如此重要？想一想吧。

最后，你会发现，故事是连接你和客户的最佳桥梁。

在这一章中，我们列举了导致我们对自己和他人撒谎的主要原因和想法。那么，我们已经了解了阻碍我们前进的事物，接下来看看如何摆脱它们，并且更大步地向前进。

准备好了吗？

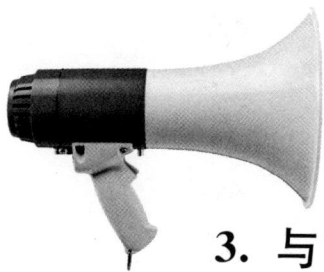

3. 与故事相结合

为什么故事如此引人入胜？

作为人类，我们拥有一样自己可以支配的工具，它可以有效并快速地重建失去的信任，并且在你的企业、你的品牌和你的受众之间搭起一座有意义的桥梁。这就是讲故事。

讲故事早在文字出现之前就存在了。在我们有书和手稿之前，我们就已经开始讲故事了。故事告诉我们什么是重要的；故事告诉我们要避开什么；故事告诉我们历史和背景。故事帮助我们从错误中学习，告诉我们什么是可能的。是故事让传统传承下来。随着时间的推移，讲故事演变成了娱乐。那些能讲出好故事的人则成为受人尊敬的领袖。

多少年来，家长们都出于以下理由给孩子们读睡前故事：传递价值观、教训、道德和传统。

从很小的时候起，我们就倾向于从故事中学习。"给我讲一个故事吧"是大多数家长都非常熟悉的一句话。没有哪个地方的小孩会说："给我上一课吧。"

我们觉得戏剧很有趣。并且无论有意还是无意，我们都会在每个故事中寻找意义。我们本能地学习故事里的道德观。我们也会从故事人物犯的错误中吸取教训。即便故事是纯粹的幻想，我们依然能感同身受；即使故事的背景设定非常奇幻，我们依然能感受到我们与故事人物之间的关联性。只要你看过科幻小说或好莱坞冒险电影，就知道这话不假。

故事中的人物展现了我们自己的潜力。如果故事讲得很好，我们会关心其中的角色。我们想知道接下来会发生什么事，我们坐立不安，情不自禁地担心这些问题最后能否迎刃而解。

然而，在生意中运用故事，其目的并不仅是为了博人眼球和富有娱乐性——即便你的工作属于娱乐产业。

好莱坞比一些商业营销人员想得明白。举个例子，电影制作者们早就发现，观众会与故事中有瑕疵的主角心灵相通。主角的缺陷让观众从中看到自己，并且对该角色产生同理心。你可以这么看：产品——故事中的主角——有缺陷，反而使受众更容易与之产生联系。相反，过去 50 年来，麦迪逊大道①一直试图将产品粉饰得毫无瑕疵——他们不得不寻求其他方式来吸引受众。

完美无缺是无趣的。想想看，就连超人也有氪石这个弱点。有障碍，才有戏剧性。对我们而言，戏剧性自然是有趣的。

---

① 麦迪逊大道（Madison Avenue）：纽约曼哈顿区的一条著名大街。美国许多广告公司的总部都集中在这条街上，因此这条街逐渐成为美国广告业的代名词。

稍后，我们将深入探讨如何运用故事才能让你成功。

但是现在，更重要的是要知道：我们天生就有一种对故事的渴望。那么，紧接着，我们来看看，讲故事究竟是怎么一回事。

想法与感受

我们已经知道了人们喜欢听故事。但是，为什么呢？

既然你的逻辑如此清晰，我就来谈谈其中的科学奥秘。

你也知道的，故事涉及大脑的多个部分。除了涉及语言和逻辑的区域之外，它们还会激活与感官刺激相关的区域。亚特兰大的艾默里大学研究所（Emory Institute）进行了一项实验，参与者需先读完罗伯特·哈里斯（Robert Harris）的小说《庞贝》（*Pompeii*），然后做核磁共振。扫描发现，小说里的故事导致参与者左侧颞叶皮层活动加剧，左侧颞叶皮层是与语言高度相关的一个区域。这很正常：阅读文字促进大脑的语言区域活动。

但是，接下来就很有意思了：这本书是一部惊险小说、一部关于维苏威火山爆发导致庞贝城被掩埋的真实历史小说，实验选这本书是因为其紧凑的情节发展和极强的叙事水平。

研究发现，当你想完成一个动作时，这种想法会刺激大脑的情感和感官区域，这个反应就和你真正完成该动作时一样。

暂停，思考一下：读到某一个动作，就会和完成该动作一样激活大脑中的那个区域。那么，一个包含舒适感受的故事也可以让你感觉舒适；一个关于克服障碍的故事触发了大脑中的特定区域，就好像是你克服了障碍一样；一个关于成功的故事可以让你感觉你是成功的。

因此，通过讲述与你自己或你的业务相关的故事，可以触发客户的情感，让他们（即便非常短暂地）感受到自己似乎也和你共同经历了那段往事。他们在购买之前，就已经感受到了与你合作、使用你的产品或服务会得到的好处。如果这段经历感觉不赖，你不觉得他们会想要更多吗？

该研究的主要发起者格雷戈里·伯恩斯（Gregory Berns）说："我们所发现的神经变化，与生理感受和运动系统有关。这意味着，阅读一本小说，能让你与故事主人公感同身受。"

把这一点与大脑在接受事实和数据信息时的反应比较一下。在查看数据时，大脑的语言区域会亮起，但情感和感官区域没有反应——这些区域只能由故事触发。这意味着，比起数据，你的故事更能吸引你的受众，他们不仅能思考，还能感受和体验这个故事。

比起只是单调地列出产品特点和收益的宣传册，故事能更好地吸引受众。故事能让人实实在在地了解跟你合作是什么感觉。

故事可以完成数据做不到的事。

时刻铭记

人们会忘记统计资料和事实，但他们不会忘记一个好故事。

尤其是当故事里包含了你的受众特别关心的信息时，这一点尤为明显。斯坦福大学商学院市场营销学教授詹妮弗·阿克（Jennifer Aaker）认为，"故事比事实令人难忘22倍"。此外，她还说："研究表明，比起数据、事实和数字，我们更容易记住故事。然而，当数据和故事一起使用时，听众在理智和情感上都会有所触动。"

睡前故事所带来的益处似乎是真实存在的，即便对于成年人而言。

回想一下，在你听演讲的时候，如果演讲人罗列了一堆事实和数字，你不查笔记的话，真的很难回想起来他说了什么。但是，如果演讲人讲了一个好故事，在演讲结束几天甚至几周之后，你都能突然回忆起其中惊人的细节。

故事能将我们的情绪与逻辑关联起来，使平凡的事物变得更有趣。它帮我们记住重点，因为它们与至关重要的感受相关联。

玛雅·安吉罗（Maya Angelou）曾经说过："我发现，人们会忘记你说的话、做的事，但是永远不会忘记你带给他们的感觉。"

故事之所以能被记住，是因为它与我们的情感中心相关联。

故事令人难忘，还有另外一种解释：好故事会脱颖而出。

在互联网鱼龙混杂的内容中，故事能吸引人们的注意力。想象一下，如果是为了查找做某事的技巧，你可以在网上找到许多文章，它们的内容都差不多。但是，如果你搜到了一则架构良好的故事呢？也许写的就是作者如何偶然发现了这些小技巧，又或者是使用小技巧导致了什么戏剧化的改变。你更有可能花费时间读这样的文章（即使是一长篇文章！），一直读到最后，因为你想知道后面会发生什么。你会更关注它，也更可能把它分享出去。

在这一章中，我们明白了故事为何如此吸引人、令人难忘。在下一章中，我们将着眼于如何找到最适合你的公司或品牌的故事。

4. 你的故事和你的业务

你的故事就是你的品牌

在前面的章节中，我们了解了故事如此吸引人的原因。那么，下一个合乎逻辑的问题是：怎么才能让故事更有利于你的企业和品牌？

答案看起来似乎很简单。

故事能与任何类型的品牌相关联。大多数人从专业的企业购买产品和服务，因为他们信任这些企业。也有人追随明星代言，因为他们喜欢这个明星，也喜欢他或她所代表的事物。然而，当这个明星做了一些不讨人喜欢的事情时，你也能看到消费者翻脸比翻书还快。人们还是很难将娱乐产业与艺人本人区分开来。

企业可以基于消费者对企业领导者的欣赏，建立起一套完整的追随者体系。如果企业不是围绕领导者，而是围绕品牌建立起来的，那么若是消费者知道品牌背后的故事或使命，他们就可能成为企业的忠实拥护者。故事有助于建立一种信任的光环。品牌越是忠于自己的使命，人们就越信任这个品牌。质量和信任之间是相关联的。

作为一个企业主，在开发品牌故事时，应该把自己的故事放在首位。品牌故事总是源于企业的领导者。

你来自哪里，你经历过什么，你要去哪里——这些是构成你的故事的基本元素。

刚起步的时候，你会觉得这比看起来要难一些，因为你必须诚实面对自己。当一个企业开始编瞎话时，往往意味着麻烦的开端。

我们可以想象，如果品牌故事与领导层对不上号，会发生什么？也就是企业说一套做一套？这时候，胡编乱造的谎言就会暴露出来。小企业如果要维持两副面孔，需要花费太多精力，迟早会为此付出代价。

客户会逐渐注意到企业的谎言，而且他们会公开发表评论。信任逐渐消失。最终，员工们也会受影响，士气逐渐低落，企业便会从内部开始崩溃。

想要避免与客户的脱节和品牌的瓦解，最简单的方法便是找到一个最有可能让你获得支持的故事。根据我的经验，无论企业大小，企业的故事都与创始人或领导者的故事联系在一起。所以，这是一个起点。

如果首席执行官大胆而外向，品牌也往往是锋芒毕露的；如果创始人是体贴且具有环保意识的，品牌也会带有这样的个性。创立你自己的品牌故事，没有必要给它编造身世。自然而然地与创始人保持一致就行。

而在品牌建设方面，有了一致性，就有了力量。

这对我有用吗？

不难看出，这些建议可能对已经或正在建立品牌的企业有帮助。

但是，这个问题始终存在——"这对我有用吗？我做的只是小本生意"，或者"我是独立承包商，我没有品牌"。

好的，这其实是两个问题，所以答案分为两部分。首先，我想先讲讲第二个问题，也就是"我是否真的有品牌"这一点。而要讲清楚这一点，重要的是你得明白品牌是什么。品牌不只是你的商标或你最喜欢的颜色，也不只是你的网站或你的广告信息。品牌是客户与你、你的产品或你的企业之间所有经历的总和，所以，它实际上就是你的声誉。因此，即便作为一个独立的个体，你也是有品牌的。

而且，无论你喜欢与否，如果你不自觉地培养了你的品牌，你的客户就会帮你培养。所以，为了利益最大化，你也应该打造一个可以引以为傲的品牌。

至于第一个问题"这对我有用吗？"这一部分，我可以这么回答：我和大型跨国公司合作过，也与本地的小型非营利组织合作过。除此之外，与我合作过的还有拥有多个办事处的公司、拥有多个领导人的公司以及独立企业家的创业公司。所有这些品牌的区别性因素都与企业领导层的故事息息相关。所以，如果你是一名企业家，我接下来要分享的内容将对你很适用。同样，如果你拥有的只是一家小公司，或者你是企业顾问，它也适用。无论你是在运营一家本地小企业，或者你是一名作家、演说家，又或是一名音乐家、电影人或艺术家，它都适用。它适用于任何人。

故事可以用来帮助建立制造业企业和服务业企业的品牌，对大型组织内的员工也有帮助。我还从没遇到过一个不能从自己的故事中受益的人。

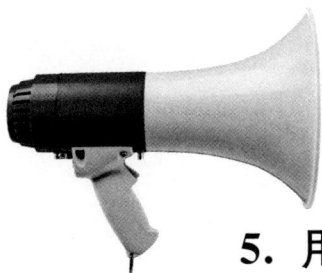

5. 用故事定位

故事的益处

故事究竟是如何给你带来好处的呢？

正如我们所看到的，故事以其核心吸引了受众，并与他们建立了联系。所以，依此类推（而且是非常简单地依此类推），你可以用故事来与你的受众建立关联。但是，你应该用什么方式来建立这种关联呢？

你要建立信任。一个真诚的故事，可以让你显得更亲切、更可信。可信度是信任感的组成部分，我们都知道消费者更愿意从他们认识、喜欢和信任的人那里买东西，不是吗？

你要触及他们的情绪。正如我们前面所学的，如果我们对自己足够诚实，我们的弱点就会显露出来。而这种弱点也帮助建立了一种情感关联——人们的购买欲，有时候这种购买欲是建立在情感上的。人们可能会在逻辑上给自己找理由，但他们确实会为情感买单。

你要变得更有趣。一个精心讲述的故事会让听众充满兴趣，他们就像听睡前故事的孩子，急切地想知道下一步会发生什么。你的客户会对每一次交流充满期待。如果你讲的每一个故事他们都喜欢，这就有效降低了你的广告成本。当人们迫切地想知道后续时，你往往不需要花什么钱。好故事可以帮你省钱。

你会因独一无二而脱颖而出，因为这个故事源自你，而且展现了你自己的弱点，你的故事瞬间让你独一无二。毕竟，这是你的故事！没有其他人可以拥有你故事中的所有元素。这是只属于你一个人的。再也不用为崭露头角苦苦挣扎了。

你令人难忘。讲述自己的故事，比你在广告宣传中提出的任何标语都有用，因为它包含的内容更多，而且更令人难忘；除此之外，还不会显得过于急功近利。

你要保持一致性。如果你的故事源自你，而你的生活与你的故事保持一致，那么你与你的品牌就有了一致性。你与你的企业文化保持一致。你的员工也会开始运用这个故事来帮助企业发展。这样一来，你的品牌与客户的每一次互动、每一个接触点都能保持一致。这能从客户服务和产品营销中反映出来。另外，在社交活动中，你的故事也会让你的品牌保持清晰有力的形象。

你能创造忠诚。现在我们知道了人们听故事时的体验，但这伴随着另一个有趣的副作用：一旦有人喜欢你的故事，他们就会有所付出。没人会想看到自己的投资失败。他们的利益开始与你相一致。他们从被动的客户变成忠实的粉丝，提供实实在在的支持。毕竟，内心深处，我们都希望故事中的好人赢得胜利，不是吗？

这些类型的连接不会像其他营销信息或渠道那样高效。但故事所创造的联系更为紧密。

建立信任，触发客户的情感；让你显得更有趣、更独特；创造一个令人难忘并且表里如一的品牌；发展疯狂而忠实的粉丝。你可以清楚地看到：利用故事，可以让你的业务多方面获利。现在，让我们来看看可以为你所用的、不同类型的故事。

故事的类型

你可以使用多种类型的故事来打造你的品牌。

企业或品牌故事

这是一个以企业或品牌为核心的故事。企业的故事往往涉及企业如何成立并发展到目前的状态，通常由创始人或第一批员工亲自讲述。通过企业的故事，你可以向受众传达贵企业的价值和文化。它也为你提供了很多展示图表的机会，这个我们稍后会讨论。

个人故事

个人故事可以是某人的生活往事：可以是关于某人如何克服困难的，也可以是关于某人如何走到今天这一步的。或者也可以是简简单单地讲述你前几天看到的一件事，只不过这件事恰好和你的话题或受众相关。

许多个人故事都是关于如何克服困难的。比如，你可以写一个你无法很好地安排时间的故事。你总是很忙，有很多事情要做，没有空闲时间去做你喜欢的事情——这是故事的背景。然后，你发现了一种非常简便的办法来更好地管理时间，它让你在完成更多工作的同时依然拥有自己的空闲时间。

产品故事

你也可以讲述与产品相关的故事。可以是产品的开发方式，也可以是你制造这样的产品的原因，还可以是制造过程中制造商不得不解决的问题，或者客户如何创造性地使用这个产品之类的。

客户故事

客户故事包含了客户和你的产品或服务的某种联系。这是最好的故事类型之一，因为它强调了产品的好处。当人们读到别的客户使用你的产品或服务的心得时，他们可以想象自己就是那个客户，从而更直接地理解你的产品或服务如何使他们受益。老实说，这是最有力量的一种故事，因为它提供了社会实践的证据——降低了风险，毕竟之前已经有其他人体验过并从中受益了。

客户故事应该聚焦于你所属的市场上存在的一个共同问题，以及一个特定的客户是如何用你的产品解决这个问题的。举个例子，如果你是销售组织或档案系统的，你可以请客户在开始使用系统后向你反馈一些近况，如你的产品是如何给他们的工作带来变化的，又是如何提高他们的工作效率的。如果他们能给你发一些整理后的照片来解说他们的故事，就更好了。

员工故事

员工故事很吸引人，因为它给了受众们幕后的视角，并且给你的业务加入了人的元素。你的受众可以了解一些企业内部运作的情况，以及每个参与者是如何对其产生影响的。这样的故事也是传播你企业文化的绝佳方式。

员工故事可以是关于一个特定的团队成员的，关于他是如何改进产品或服务的、如何帮助企业实现目标的，或者他是如何为了客户的需求竭尽所能的。员工故事也可以是关于他们自己的故事，比如他们是如何又为什么加入这家企业的。员工故事与为你的企业工作的独立个体有关，既涉及私人生活又包含专业领域，他们的价值观会引起听众的共鸣。

案例研究

案例研究比其他的故事更为详尽，细节也更加充分。它可以是关于一个人、一个小组、一次活动、一个事件、一个过程或一个问题的。案例研究可能看起来像产品开发的详细复述，或是在特定情况下的应用说明。案例研究与我们讨论的其他故事类型之间的主要区别在于它的彻底性。案例研究需要花较长的时间探讨一个问题并进一步深入研究，通过这一点来确立你在这个话题上的权威性。

　　读完这份清单之后，关于如何在业务中使用这些类型的故事，你可能已经有了一些具体的想法。你可以花点时间记录下这些想法。在阅读下一章时，可以把你的列表放在手边，以便随时往里面增加内容。最终，你可能会用上这些类型中的一个、两个或几个故事来建立你的品牌。无论你使用哪种类型的故事，都有一些关键因素决定你的故事是精彩还是平庸。在下一章中，我们将探讨这些因素以及你要遵循的基本结构。

6. 是什么造就一个好故事？

理解了如何使用故事建立品牌之后，你是不是已经跃跃欲试，想给自己的企业独家订制一个故事了？在我们学习如何撰写故事之前，先来探讨一下：究竟是什么造就了一个好的故事。

结构

好的故事都是从结构开始的。无论是长篇小说、短篇小说，甚至笑话，都有自己的结构。你肯定不会在笑话的开头就抖包袱，不是吗？

已经有很多优秀的书籍、课程和讲习班在探讨写作中的结构问题了，所以在这里我不打算重复它们的工作。相反，我会给你提供一个更高层次的角度，让你对你的业务有足够的洞察力。你先打好知识基础，之后如果感兴趣的话，还可以选择进一步学习，公平吧？

自从古希腊戏剧出现以来，每一个故事都遵循着类似的结构。这也是所有好莱坞大片的基本结构，所以对你来说应该并不陌生。

这是一种经典的神话故事结构，约瑟夫·坎贝尔（Joseph Campbell）在他的作品《千面英雄》（*The Hero with a Thousand Faces*）中对其进行了深入探讨。后来，迪士尼前写手克里斯托弗·沃格勒（Christopher Vogler）在他的书《作家的旅程：作家的神话结构》（*The Writer's Journey：Mythic Structure For Writers*）中对这种结构进行了完善。简单来说，这样的故事结构包含了三幕，如下所示。

第一幕

在第一幕中，描述以前或现在的世界，设计主要人物以及人物关系。在之后的某一刻，主要角色（故事的主要人物、主人公）遇到了一些事情。这就是所谓的"导火索"。主角试图应对这些事情，从而把剧情引向另一种更戏剧化的情况，使得他不得不采取其他行动。这被称为"转折点"，它标志着对于主角而言，世界不是一成不变的。他遇到的通常是一场危机，因为毕竟大多数人都不愿意做出任何改变，除非遇上危机（我希望你看完本书后，不会等到危机来了才做出应对。当然，这是后话了）。第一幕的最后往往会提出一个戏剧性的问题，这个问题在第三幕结束时会得到解答。在小说或电影中，戏剧性的问题一般会是"他会追到那个女孩吗？"或者"她会抓住凶手吗？"

第二幕

第二幕是实实在在的进程。主角试图解决第一幕中引入的问题，但是非常困难，因为最初他试图用老一套的方式克服障碍。每一次尝试都失败了，因为主角还没有对付"敌对势力"的能力，他可能还会发现自己每况愈下。主角必须吸取教训，学习新技能，或者获得更高的认知，才能摆脱束缚他的恐惧。在电影中，第二幕叫作"上升情节"，主角通常没法单独应对困境，必须得到导师或盟友的帮助。

第三幕

在第三幕中，主角会作出决定或直面恐惧，并成功克服障碍。通常这是一项非常艰难的决定。也就是在这个时候，第一幕提出的戏剧性问题得到解决，主角回到从前，但他已经有所改变。现在的他看世界的角度变了，因此世界看起来也和从前有所不同。

大概就是这样。我确实说得过于简单了一些——还可以（也应该）添加更多细节和修饰——但是要开始讲故事，有这种基本结构就足够了。这种基本的三幕式结构最早在亚里士多德的《诗学》（Poetics）中有所记载；之后，从莎士比亚的戏剧到今天的好莱坞大片，它依然存在，并且不断演变着。

正如你所看到的，一个结构完整的故事往往有清晰的开头、中间和结尾。它建立在冲突和解决冲突之上。矛盾冲突吸引我们的注意力，提升我们的参与感。它提供了悬念和张力，并以此来推动故事的发展。即便我们知道，对于我们的角色来说，情况总会好起来的，但是在故事结束时解决冲突的那一刻（往往称为"高潮"），我们也会感觉终于可以松一口气，并产生积极的情绪。

每家企业、每项产品或服务和个人可能都有过这样的发展经历。在下面的章节中，我们将探讨如何为你和你的企业找到最合适的故事。但这里先给一个提示：你的产品或服务，一般来说就是出现在第三幕开头的"新方法"。

哪怕只是粗略地看一下那些著名的销售理论，你都能看到这种结构的演变：第一幕是定义客户的问题。第二幕是引出客户的问题。第三幕是提供解决方案（即你的产品或服务），并使用该解决方案帮助客户创造一个"新世界"。

但我们不会停留在表面。我们要研究得更深入、完成得更有趣！

结构的力量

如果你不经常写故事，可能你会不喜欢故事结构，因为你觉得依赖结构过于僵化。这么想很正常，很多作家写作时也不得不与僵化的结构作斗争。你可能会这么想：如果我的故事和其他人的故事结构都一样，我又怎么才能独一无二呢？

如果你现在有这种疑虑，我的建议是暂时把疑虑放在一边，先试试看。有些人觉得固定的结构会导致故事僵化。但其实结构可以与限制完全相反，它可以相当自由。

没有结构，你的故事随时可能崩溃，观众的注意力或兴趣也危在旦夕。强大而持续流传的故事之所以优秀，是因为它们有一个共同的结构：它给了听众一个便于理解的框架；它有助于建立预期，并最终在故事结束时让人们获得更大的满足感。

所以，试试吧！我敢肯定，你很快就会看到：结构能够支撑并加固你的故事，而不是限制它。

接下来，让我们看看在这个结构之上实际发生的故事是什么。

情节

要有故事，就得有事件发生。不能只是一系列的随机事件，因为这样不够有趣。叙述中的事件通常彼此相关。换句话说，它们是被之前发生的事件引出来的，或者它们导致了一些冲突。这些事件统称为"情节"。

情节是一个文学术语，用来描述构成故事的事件或故事的主要组成部分。这些事件以一种模式或顺序相互关联。故事的走向取决于事件的编排。

如果你写道"国王死了，皇后也死了"，那么这个故事毫无情节可言。但是，如果你写的是"国王死了，皇后死于悲痛"，你就为你的故事提供了一条情节线。

情节是事件的因果序列，为发生的事件提供"为什么"。情节有助于听众理解故事中人物的选择，它能架起听众与角色之间的连接之桥。

故事元素在情节中的排列方式取决于故事的需要。例如，在一个悬疑或侦探故事中，作者只会在故事的最后揭开谜题。

从前的故事

古代的故事与今天的故事，设定和内容都有所不同，不变的是故事情节或主题。从几千年前记载的第一个故事，到前一天晚上你看的电视剧，这些故事情节线都是永恒的。

为什么这些故事情节能流传那么久？因为每个人都对它们有认同感。它们讲的是基本的情绪，因此所有人——无论身处什么文化背景——都可以理解，也都或多或少体验过。我们都在不同程度上面临过类似的情况。

在构思故事时，你可以使用这些经典情节作为起点，它们能帮你为受众创造真正有效且触发情感的内容。

克里斯托弗·布克（Christopher Booker）在他的《七种基本情节》（*The Seven Basic Plots*）一书中分析了经典情节背后的心理学，并给这些情节起了名字。它们是：

- 斩妖除魔
- 白手起家
- 一路追寻
- 远行与归来
- 喜剧
- 悲剧
- 重生

我们下面结合例子逐一讨论，也许会给你一些灵感。

斩妖除魔

如果你看过恐怖或科幻电影，斩妖除魔对你而言应该是一种熟悉的故事情节。这种情节的诞生可以追溯到第一部已知的文学作品，也就是古代苏美尔文明的《吉尔伽美什史诗》（*Epic of Gilgamesh*）。在该作品中，主角吉尔伽美什（Gilgamesh）走上征途，一路与怪兽搏斗。

电子游戏爱好者也应该很熟悉这样的故事情节，这是许多电子游戏中使用的套路，包括《超级马里奥兄弟》。

在斩妖除魔的故事中，主角走上征途，以击败可怕的怪物为目标和结局。要打败怪物，对能力不强的主角来说很困难，但是因为他的坚强、智慧或者其他什么美德，再加上身边的资源或征途中的收获，主角最终克服艰险，杀死了怪物。

《圣经》里大卫和歌利亚（David and Goliath）的故事中也有这样的情节。这是许多文学经典都包含的情节，比如《贝奥武夫》（*Beowulf*）。这也是《哥斯拉》（*Godzilla*）、《终结者》（*The Terminator*）和《007》詹姆斯·邦德电影背后的基本情节线，同时还是超级英雄漫画最重要的主题之一。

要注意的是，"怪物"不一定是真正的怪物，它可能是你的受众面临的任何类型的问题或挫折。

市场营销中的一个经典案例就是好事达保险（Allstate）的"混乱"（Mayhem）之战。"混乱"这个角色是你可能面对的任何灾难的比喻，而你能够借助保险来征服这个怪物。另一个很好的例子就是耐克的"只管去做"（"Just Do It"）这个口号。运动员想要打败怪物（害怕失败，缺乏自信），他们"只管去做"就行了。

白手起家

美国梦的经典故事就是"白手起家"的最好例子。想象一下，故事的主角是一个贫穷的移民，孤立无援地站在美国的海岸边，通过努力工作，靠自己的力量和一点点运气，最终成为亿万富翁。

你可以在 20 世纪初期的许多企业家身上看到这样的故事，比如约翰·D. 洛克菲勒（John D. Rockefeller），或者还有现代作家，比如 J. K. 罗琳（J. K. Rowling）。它还出现在很多经典的故事里，比如《灰姑娘》（Cinderella），还有查尔斯·狄更斯（Charles Dickens）的《大卫·科波菲尔》（David Copperfield）。像《洛奇》（Rocky）和《贫民窟的百万富翁》（Slumdog Millionaire）这样的电影讲述的也是白手起家的故事。同时，这也是今天很多真人秀背后的故事。

白手起家的故事很适合作为品牌故事来讲，尤其是如果公司在谁家地下室里成立，并且从小本经营起步的话。举最近的一个例子，WhatsApp 这个应用软件是由出生在乌克兰的简·库姆（Jan Koum）开发的，那时候的库姆穷困潦倒，不得不靠食品救济券生活；而五年后，他把 WhatsApp 以

190 亿美元的价格卖给了脸书（Facebook）创始人马克·扎克伯格（Mark Zuckerberg）。

一路追寻

随着一路前行，主角和他的伙伴肩负使命，走过从未到达的地方，也认识了许多新的人和事物。一路上，他们战胜了不少障碍和诱惑，继续前进。这是一种很受欢迎的故事情节，因为它令人激动，让人坐立不安，期待下一个关卡到来。听众们和主人公一起踏上征途，通过他们体验到了探索和发现的感觉。

《亚瑟王传奇》（*The Arthurian Legend*）里加拉哈爵士（Sir Galahad）寻求圣杯的故事是追寻之旅的典型例子。更现代的案例包括《夺宝奇兵》系列电影、《指环王》（*Lord of the Rings*）和某几部《哈利·波特》（*Harry Potter*）系列小说。另外，J. D. 塞林格（J. D. Salinger）的小说《麦田里的守望者》（*Catcher in the Rye*）讲述的也是追寻目的和意义的内心之旅。

这样的情节可以用在产品故事里，讲述你是如何探索或创造出一种能解决受众问题和困难的产品的。

远行与归来

从荷马到卢克·天行者①，人类文明中充斥着关于故事主角进入一个陌生或危险的世界并最终凯旋回家的故事。这样的故事，无论是对于真的离家开始一段冒险的人来说，还是对于在心理上走出自己舒适区的人来说，都很容易理解。它触动了人们的神经，而最终胜利归来的结局则提供了情绪释放的空间。

很多时候，主角胜利归来，什么都没得到，只是多了一段经历。

这些故事特别受孩子欢迎，也许是因为整个世界对他们来说都是一片陌生的土地，充满了未知的障碍。

许多经典作品都符合这种模式，比如荷马的《奥德赛》（*Odyssey*）、路易斯·卡罗尔（Lewis Carroll）的《爱丽丝梦游仙境》（*Alice in Wonderland*）。很多魔幻和科幻作品都会用到这样的情节，包括《回到未来》（*Back To The Future*）和电视剧《迷失》（*Lost*）。《海底总动员》（*Finding Nemo*）也是一个很好的例子，另外还有一个非常著名的关于

———————

① 《星球大战》（*Star Wars*）系列电影的重要角色之一。

远行和归来的故事——《绿野仙踪》（*The Wizard of Oz*）。

运用这种情节时，记住远行和归来可以用于各种不同的环境。从字面意义来说，可以是你在旅行时发现了一件事，从而受到启发，回来之后便开始发展这项业务。如果是关于冒险踏出舒适区的，那么产品开发也可以是一段远行和归来的故事。如果你提供与旅游相关的产品或服务，这种情节也适用于客户故事。

喜剧

虽然喜剧很有趣，但并不是每一个有趣的故事都是喜剧。在这里，"喜剧"一词代表的是莎士比亚定义下的喜剧。在喜剧中，情节围绕着混乱而迷茫的人们展开，并且产生了各种各样的事故，但最终误会解除，人们的麻烦也解决了。

大多数的情景喜剧都会用到这种情节，尤其是一些浪漫爱情剧。混乱的状况、身份的混淆或误解可以提供许多幽默的空间。只要看看你喜欢的喜剧电影或电视剧，就能找到很多例子。

在喜剧中，主角可以是一个在正常环境里感到混乱的人，也可以是混乱环境里唯一的正常人。大多数人比较容易在第二种情况下找到同感。

企业可以使用喜剧的模式，把遇到的问题解读为某种类型的喜剧混乱。比如，企业可能遇到了一个 IT 方面的问题必须解决。除了遵循基本情节，你还可以增加一些喜剧元素，让受众觉得更有趣。幽默是一个很好的情绪触发点，它使你的故事更令人难忘。

悲剧

在悲剧中，主角往往有一些致命的性格缺陷、弱点，或曾经做出过错误的判断，最终导致其失败。作为读者，我们对莎士比亚笔下的麦克白这个悲剧主角感到同情或怜悯，因为他被命中注定的不幸反复折磨，并且与之搏斗到最后一刻。

经典的悲剧案例包括《雌雄大盗》（*Bonnie and Clyde*）、约翰·斯坦贝克（John Steinbeck）的《人鼠之间》（*Mice and Men*）、《西区故事》（*Westside Story*）和《泰坦尼克号》（*Titanic*）。

悲剧故事是很难在营销中使用的。但我还是把它列在这里，以后你看到类似的故事时就能很快对号入座了。

重生

终于说到最后了。重生，是一个非常适用于营销的故事情节。这是关于主角陷入低谷，到达最无望的深渊，最后却奇迹般复活的故事。主角的挣扎提供了一个冲突点，最终克服障碍凤凰涅槃的结局则非常鼓舞人心。

在《圣诞颂歌》（*A Christmas Carol*）中，守财奴威胁要让圣诞节消失，但节日最终还是得救了。神秘博士几乎每一季都有重生的元素。《美女与野兽》（*Beauty and the Beast*）和《卑鄙的我》（*Despicable Me*）也都是关于重生的故事。

在商业环境中，有很多和重生相关的内容可以使用。当你的客户处于最低谷时，你的产品可以帮助他们，所以这种情节可以加到客户故事里。同样，如果要用到品牌故事里，那么可以是你的生意面临困境，接近破产，直到你想到一个好主意才起死回生。任何关于克服困难或黑暗时刻的个人故事都是重生的故事。

你所说的重生故事其实也不一定与你的公司有关，但必须和你的品牌理念有关。佳得乐的"重赛"（Replay）系列就是一个很好的例子，它讲述了两支冰球队 11 年后再一次比拼：11 年前的那场比赛中，有一位运动员险些遭受致命的伤害。这个故事根本不是关于佳得乐的。佳得乐只是赞助了比赛，你只能在外围看到他们的产品广告。

毫无疑问，你可以从上面的例子里注意到：一个故事可以包含多个情节。主角踏上斩妖除魔的征途，一路上可能会遭遇严重甚至致命的挫折，直到主角重生，最后胜利归来。你不必只用一种情节限制自己。大多数伟大的故事会把许多情节结合起来。

如何组合情节取决于你。但是，无论你使用哪种情节，你的故事都必须包含一些元素。接下来，我们就来看看故事元素。

故事元素

除了前面提到的情节点之外，你的故事（其实应该说任何故事）都应该包含以下元素，好让它更有吸引力，也更让人难忘。

情感联系

前面我们已经讨论了故事如何触动我们大脑中与情绪有关的区域。你故事里的角色越能引起受众情绪上的共鸣，他们就越能理解该角色。如此一来，他们会觉得自己与你的故事有所关联。这样一来，故事就更让人难忘了。

产生共鸣的角色

故事如果没有可信度高的角色，就不会有效果。如果你希望受众喜欢你的故事，很重要的一点就是让他们从故事里的角色身上或行为中看到自己的影子。

展现角色身上脆弱或有缺陷的一面，能让受众有机会与角色产生更多的共鸣。

当问起为什么会觉得一个故事很矛盾时，你最可能听到的批评就是"我没法产生共鸣"。回想一下你看过的电视节目或图书，是不是有时候你根本不关心角色的死活？这样的故事讲得可不咋地，不是吗？

当我们可以与你故事中的角色产生共鸣时，这会让我们保持关联。我们一起为主角加油，希望他或她能获得胜利。我们希望主角胜利归来，征服怪兽，从巨大的挫折中重新振作起来，或者在征途结束时实现目标。

悬念和紧张

任何故事中，悬念和紧张都是十分重要的元素。它们牢牢抓住受众的注意力，因为受众都想知道最后会发生什么。尽管从电影一开始大家就都知道詹姆斯·邦德不会被恶棍害死，但是当我们看到电钻离他的脑袋越来越近时，还是会紧张得如坐针毡。有趣的是，在讲故事的时候，悬念和紧张比理性思维更有力量，虽然稍后一回想，你可能就会意识到："那不可能发生。"

启发

故事不一定要鼓舞人心才有意思（比如悲剧情节）。但是，在营销环境中讲故事时，你一般都想启发你的受众。为忍受饥饿的孩子们所做的募捐广告，其目的不是为了让你绝望、放弃希望。它们传递的信息是：你可以有所作为，做出改变。

启发是重要的，因为它影响着人们的行动。采取行动可能意味着购买产品或进行捐赠。但它也可能是一个更微妙的东西，如认同你的品牌和愿景。无法提供如此启发的品牌，很难引导受众走到这一步。

在这一章中，我们学习了如何构建一个好故事，并且了解了可以应用的基本情节，以及故事必须包含的核心要素。在下一章中，我们就要开始练习讲故事了。

7. 找到你的主题

你代表着什么？

在上一章中，我们研究了不同类别的故事，它们如何为你的企业添彩，还有故事中必须包含的核心元素。现在，是时候开始运用这些元素来创作你的故事了。

但是，从哪里着手呢？

想要缩小选择的范围，最好的办法是先想好故事的结局。也就是说，如果你愿意的话，我们先来找到核心主题——故事的寓意。

要做到这一点，最好先找到你和企业的明确目标。我们之前已经了解到，作为一名企业主，你的个人故事与你的品牌密切相关。所以，明确你为什么要这么做、你所做的是什么事、你代表着什么、谁可以从你的技能和热情中获得最大的收益，让你更容易与你的品牌故事保持一致。

如果这一切都不够清晰的话，想要创造一个符合你价值观的故事几乎是不可能的。

这是很重要的一件事，它不仅仅是理论上的练习。花点时间去做吧，你会为你的品牌之强大而惊叹。但是，就像有些时候我们冒着暴露自己的风险自我剖析，却发现自己行为不当一样，这可能会让你有点不舒服。你可能想跳过这一步。请不要这么做。揭示和定义你的目的是根基所在，是创作一个让受众有共鸣的故事的基础。

记住，真实的情感才是最强大的。

对此，有所抗拒的人可能会说："我的企业也没有那么与众不同""我并没有那么独特"或者"我的故事很无聊"。你必须克服这些想法，因为它们只是烟幕弹，它们之所以存在，是因为我们一直都在这么告诉自己，而不是我们真的这么想。

你很快就会看到，你的企业是独一无二的，因为你是独一无二的。

为了让你能有一个良好的开端，这里的一些练习可以帮助你定义自己的核心价值和目的。

1. 尽可能多地思考一下：你为什么要做你正在做的这件事。是什么促使你每天早上起床？是完成工作的赞誉和肯定吗？是为了获得荣誉并得到同行的尊重吗？是为了造福周围的人吗？还是为了帮助有需要的人？或是因为看到有相似的成功案例？列出尽可能多的想法，除了金钱以外。

2. 列出你擅长的每一件事，不管你是否喜欢它，或者你认为它对你的生意是否有任何价值。只需要尽可能多地写下你擅长的事情，能想到的都写。人们在工作和生活中最常问你些什么？你不需要成为全世界最强的人。继续写下去，直到这张纸上写满你的技能。

3. 接下来，写下你的生意中你喜欢的每一件事。诚实地回答这个问题，不要愚弄自己。如果你讨厌某些内容，不管业务是否需要，都不要把它写下来。如果你喜欢某个方面，即使你目前还没有从中赚钱，也要把它写下来。你只需要在这张纸上写满你的生意中你喜欢的一切事情。

4. 寻找故事的模式和主题。在你的技能和喜好之间找到重合的部分，以此作为切入点。例如，你是一个擅长社交的人吗？你是一个事无巨细的人，能从策略中找到乐趣吗？理想的情况下，你应该继续写下去，直到你找到5~10件能结合你的能力与兴趣的事，并构建切入点。

5. 现在，是时候明确你的主题了。站在你的立场来陈述它。大胆点没关系。当人们选择和你合作时，你能承诺他们什么收益？你能带给他们什么？你相信什么？有什么是你永远不会放弃的？对这个世界而言，"你的承诺"又是什么？

6. 另外，陈述你所反对的事物也是很有价值的。在你所在的行业或生意中，有什么让你感到愤怒？当人们与你交往时，他们永远不会得到的是什么？把这些写下来。我们将开始深入你最有价值的核心部门。这也是你的客户希望看到的。

你讲的所有故事的主题或道德观念应与你的价值观保持

一致。你越诚实，主题也就越强；主题越强，你的品牌也就越强。

插播一句：

我们有附加的练习手册和相关工具来帮助你完成这些练习，可参见附录一"讲故事工作手册"或登录网址 http：// dontsellmetellmebook. com/member/。

现在，有很多种方式可供表达你的主题。在下一章中，我们将研究如何为你的故事定下基调——你的品牌声音。那么，要怎样找到自己的品牌声音呢？

人物原型

有些人天性活泼，有些人则生来严肃。你尊敬他人，有时候是因为他们知识渊博，有时候则是因为他们能力过人。同样，你的品牌和你的故事也会有自己的个性或"声音"（理想情况下，正如我们前面所说的，它应该很像你的声音）。

在此介绍一种很好的方法，它可以告诉你的团队在讲故事和谈论自己的业务时应该使用什么样的声音，才能赋予它一种"性格"。故事中的角色一般都是有原型可寻的。其实，人也一样。

"原型"一词起源于古希腊文，词根包括 archein（意思是"原来的或老的")和 typos（意思是"模式、模型或类型"），组合起来的意思是"原始模型"，也即其他类似的人物、事物或概念都是由其衍生、复制、建模或效仿产生的。

心理学家卡尔·荣格（Carl Jung）在他的人类心理结构理论中运用了原型的概念。基于柏拉图的思想，他认为普遍的原型存在于世界各国人民的集体无意识之中。原型代表着在人类进化过程中所出现的基本人类主题，因此它们深深地联系着我们的情感。

荣格定义了十二类主要的原型，象征着人类基本的动机。每类原型都有自己的一套价值观、目标和性格特征。此外，十二类原型可以分为三组：自我、灵魂和自性，每组里包含四个类别。每组里的各类别都有共通的源动力。自我组里的原型会被自我驱使，做一些满足自我的事情。灵魂组里的原型会做能满足灵魂需求的事。自性组里的原型则会做能满足自性的事。

这三个标签不带褒贬，只是将常见动机分组的一种方式。自性不是自私，自我也不是自负，不存在好坏之别。

不说全部，但绝大多数人的性格中往往同时包含几类原型的特色，只不过，你会发现其中一类原型倾向于占主导地位。了解哪些原型最能体现你的想法是很有帮助的，因为这会让你认识到自己的动机和价值。

下文中有几类常见的原型，看看你是否能从中找到在你个性里占主导地位的原型。如果你诚实面对自己，当你读到每个原型潜在的愿望、目标和优势时，你就会找到方向。你可能会发现这是一个很好的起点，它能揭示出适合你生意的声音。

自我类型

1. 天真者

座右铭：自由地做自己

核心愿望：去天堂乐园

目标：要快乐

策略：做正确的事情

天赋：信心和乐观

缺点：天真无邪得非常无趣

最大的恐惧：因为做坏事或做错事而受到惩罚

天真者也被称为：浪漫主义者，乌托邦者，传统主义者，幼稚的人

2. 普通人

座右铭：所有人无论男女生而平等

核心愿望：与他人有所关联

目标：有所属

策略：发扬平凡可靠的美德，脚踏实地，平易近人

天赋：现实主义，同情心，真实

缺点：为了融入团体或维持表面的关系而失去自我

最大的恐惧：被排除在外或在人群中过于显眼

普通人也被称为：普通男女，隔壁邻居，现实主义者，可靠的公民，好邻居

3. 英雄

座右铭：有志者，事竟成

核心愿望：通过勇敢的行为来证明自己的价值

目标：掌握改善世界的方法

策略：尽可能地坚强能干

天赋：能力和勇气

缺点：傲慢，总是需要挑战

最大的恐惧：自己的弱点、脆弱，成为"胆小鬼"

英雄也被称为：战士，救援者，士兵，屠龙者

4. 照料者

座右铭：爱人如爱己

核心愿望：保护和照顾他人

目标：帮助他人

策略：为他人做事

天赋：同情心，慷慨

缺点：牺牲自我和被剥削

最大的恐惧：自私和忘恩负义

照料者也被称为：圣人，利他主义者，父母，助手，支持者

灵魂类型

5. 探索者

座右铭：不要禁锢我

核心愿望：拥有通过探索世界来寻找自我的自由

目标：体验更美好、更真实、更充实的生活

策略：旅游，寻找和体验新事物，摆脱无趣

天赋：自主，富于雄心，忠于自己的灵魂

缺点：漫无目的地流浪，与周围格格不入

最大的恐惧：被困住、与人雷同和内在的空虚

探索者也被称为：追寻者，流浪者，个人主义者，朝圣者

6. 反叛者

座右铭：规则是用来打破的

核心愿望：复仇或革命

目标：推翻没用的一切

策略：破坏、摧毁或震撼

天赋：粗暴、激进的自由

缺点：容易步入歧途、犯罪

最大的恐惧：无力或无能为力

反叛者也被称为：革命者，狂妄者，显得格格不入的人，不法之徒

7. 爱人

座右铭：你是唯一

核心愿望：亲密和体验

目标：与喜爱的人、工作和环境在一起

策略：变得越来越具有身体和情感上的吸引力

天赋：激情、感恩、欣赏和承诺

缺点：可能会为了取悦他人而失去自我

最大的恐惧：独处，成为局外人，不被需要，不受欢迎

爱人也被称为：伴侣，朋友，亲密的人，热心肠，感性主义者

8. 创造者

座右铭：只有想不到，没有做不到

核心愿望：创造价值持久的东西

目标：实现愿景

策略：发展艺术控制力和技巧

天赋：创造力和想象力

缺点：完美主义，半途而废

最大的恐惧：平庸的愿景和行为

创造者也被称为：艺术家，发明家，创新者，工匠，音乐家，作家，梦想家

自性类型

9. 小丑

座右铭：这辈子只活这一次

核心愿望：充分享受当下的每一刻

目标：享受美好时光，点亮世界之光

策略：玩耍，开玩笑，让自己变得有趣

天赋：喜悦

缺点：轻浮，浪费时间

最大的恐惧：感到无聊或让他人感到无聊

小丑也被称为：愚人，骗子，丑角，喜剧演员

10. 圣人

座右铭：真理必叫你们得以自由

核心愿望：寻找真理

目标：利用智慧和分析来了解世界

策略：追寻信息和知识；自我反思，理解思考过程

天赋：智慧和才能

缺点：可能会始终研究细节，却永不行动

最大的恐惧：被欺骗、误导或无知

圣人也被称为：学者，侦探，哲学家，研究员，导师

11．魔术师

座右铭：我创造事物

核心愿望：了解宇宙的基本规律

目标：让梦想成真

策略：发挥想象并以此为生

天赋：找到双赢的解决方案

缺点：爱指使他人

最大的恐惧：意想不到的负面后果

魔术师也被称为：远见者，催化剂，萨满，治疗师，巫医

12．统治者

座右铭：权力不是一切，而是唯一

核心愿望：控制

目标：创造一个繁荣、成功的家庭或组织

策略：行使权力

天赋：责任心，领导力

缺点：专制，不易指派

最大的恐惧：混乱，被推翻

统治者也被称为：老板，领袖，贵族，国王，女王，政治家

这些原型里，哪一个最能反映你的价值观？这些原型中最基本的愿望、恐惧、目标和天赋里，哪些与你的核心价值观和目标相一致？这些练习将为你提供一个开发品牌声音的良好起点。但是，有双方才能有对话。我们来看看另一方——你的目标受众。

找到受众

如果一个故事与听者完全无关，他（她）是不会听的……一个伟大并能传承的故事是跟每个人都有关的，如果不是这样，它便不会流传。陌生和疏离可不有趣——有趣的是与个人深层次的交流和熟悉感。

——约翰·斯坦贝克（John Steinbeck）：
《伊甸之东》（*East of Eden*）

到目前为止，你可能已经有了一些灵感，用来创作适合你的品牌、企业、产品或客户的故事。你已经找到了你的主题和适合用来讲故事的声音。下一步需要考虑的，是你的受众。

讲故事的时候，故事本身并不能决定它的有效性，它需要与受众产生共鸣和联系。为了建立最强大的关联性，你需要尽可能地了解你的受众。你需要比他们自己还了解他们。那么，究竟谁是你理想的受众呢？

关键词就是：针对性。

当然，你需要了解你所在市场的人口统计资料，比如年龄、性别、经济水平，可能还有地理位置。但不要止步于此。比这些更重要的是，你需要明白他们最看重的是什么、他们的愿望是什么，以及是什么让他们在夜晚辗转反侧。这里运用的学问有个花哨的名字：消费心态学。消费心态学可以帮助你找到能转变人们态度的想法、感受、意见和价值观。如果你的故事与受众的态度和价值观相一致，那么这个故事会让他们感到熟悉，你们便会在情感层面上联系起来。

所以，你要尽可能具体。

一个 33 岁的单身母亲，为了生计而拼搏；一个 55 岁的男人，每周工作 80 小时，挣扎着为自己的孩子腾出时间。这两种人显然有着截然不同的需求和动力。

你越是具体地描述你的受众，就越能在你的故事中更多地反映他们的感受和情绪。如果你的受众在你的故事里看到了自己的感受和现状，那么你的故事就会非常有力量。他们不会轻易忘记这样的故事。他们能感受到主题的深刻，主题也有力量促使他们采取行动。

所以，你的选择一定要有针对性。

如果你的理想受众不那么容易取悦，先不要绝望。这在商业上司空见惯。当我给客户做咨询时，我似乎能感觉到他们会自然而然地抗拒缩小目标受众。你为什么要"拒绝"做生意的机会呢？那么，我们就来说说这个很重要的区别。"营销"和"贩卖"的受众之间，是有区别的。

在不同的行为中，你需要做出不同的决定。确定理想的受众群体并不一定意味着群体以外的人就不能做你的客户（尽管也有这个可能）。

找到特定的受众并与之交谈，可以创造与他们更深层次的情感关联。只有通过这种联系，你才能将交易对象变成忠实的粉丝。一般来说，这是不会发生在一个广泛的群体身上的。试图让每个人都开心，其实没法让任何一个人开心。

举个例子，想象一下：如果你拥有一家只出售昂贵高跟鞋的女鞋店，那么你自然而然就只会和时尚女性聊你的故事。但如果一位男士进来想买一双鞋，你还是会卖给他的，不是吗？现在再想象一下：如果你的每个广告都已经包含了时尚女性，但是还要外加一个男人——以防万一有男性受众想买——这么做反而会改变你理想的受众（时尚女性）对你的品牌感受，不是吗？

有些时候，卖给理想的受众之外的任何人是没有商业意义的，虽然它会带来一定的盈利。现在的重点是：市场和营销之间是有关联的，但它们又是有所不同的。

这么一说的话，缩小受众范围，只针对具体对象的压力是不是小了一些？如果你仍然有所迟疑，可以从另一种角度看待它：

想象一下，我们一起工作，我可以让你有十个甚至一百多个客户，但他们都必须是你当前客户之一的副本或克隆体。你觉得会是哪一个呢？写下来。

从这里开始，描述一下你所知道的关于这个客户的一切，甚至可以把具体的名字都写上。具体（没错，又是这个词）地说，他（她）最看重的是什么？他（她）最担心什么？他（她）用什么词来形容和你一起工作？他（她）和你一起工作时有什么感觉？

这是一个很好的开始。

在下一节中，你将会知道如何利用这些情感来使你的故事变得强大。

找到情感

还记得每个故事里的情绪是如何让受众始终保持兴趣的

吗？只要你清楚地了解了你理想受众的具体目标和愿望，你就可以有意识地设定你故事中的主要情感。从你刚写下的受众最担心的事情开始（你做了练习，不是吗?），这样一来，你就可以把受众们的痛点、价值观和愿望联系起来。

有了这种一致性，客户在消费、购买你的产品或与品牌互动时，才会依旧通过情感保持与你的联系。这才能成就一个强大的、令人难忘的品牌。

将情节、人物、主题和情绪结合起来的方法多如牛毛。这就是为什么使用故事可以让你在市场上占有一席之地，即使你和同行业的另一家企业没有太多本质区别。

举个例子，情绪的变化可能决定了一切的走向。即使故事情节差不多，家庭餐厅所涉及的情感和律师事务所或软件安全公司所涉及的情感依然是有所不同的。一家律师事务所可能会创作一个警示性的故事，一家软件安全公司则会在其故事中加入恐惧因素。软件安全公司的故事可能涉及一个主角（你）使用特殊武器（软件）征服怪物（黑客攻击）。一个家庭餐厅可能会讲一群主角（你的家庭）的故事：通过带孩子们去享受美食和美好时光，征服另一种怪物（日常生活的压力）。

非营利组织经常把悲悯作为他们故事中的情感基调。当你看到需要帮助的孩子的照片时，你很难不产生同情，这就是驱使人们向非营利组织捐款的动力。

在上一节中，你记下了你的目标客户对合作的描述或者和你一起工作时的感觉。另一个值得思考的问题是：他们在和你一起工作之前有什么感觉？或者，如果他们没有遇见你，他们会遇到谁？

这些问题会让你接近你想要的、可以融入故事的情绪。

接下来，我们来看看，如何最简便地利用这些问题获得最大的优势，以及如何避开雷区。

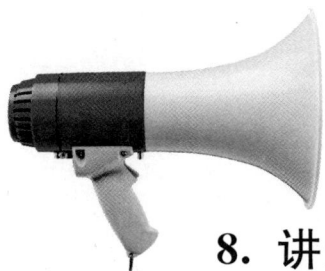

8. 讲述你的故事

以你的主题为基础

大多数企业在开发品牌之初，都会考虑自己的品牌标识、名片或网站。而正如我们所看到的，你的品牌其实与你的价值观紧密联系在一起。通过培养价值观，你可以开发出一个主题。你的故事就从你的主题展开。

之后就容易了。一旦有了故事结构，接下来的问题就是选择表达故事的方式。

先构建故事的框架，然后创作或设计有助于补充故事的材料。如果顺序反过来，你所做的决定很可能与你的故事相矛盾，最终给自己挖了个坑！所以，为了避免浪费时间和金钱，我们应该先关注故事。

先从你的价值观开始，然后是你的主题、人物原型和情感基调。一旦掌握了故事的基本要素，你的营销和广告平台就会以此为基础扩展开来。

你很可能不会独自执行所有的营销活动，所以你的故事和主题也能让你的设计、文案和团队中的每一个人都朝着同样的目标努力。当你需要作出决定或批示他们所做的工作时，故事还能为你提供参考。"这么做符合我的故事吗？"是决定性因素，它能避开大多数武断的意见。

你的故事有助于确定文案的语气、定位商标的样式、确定适合的颜色、确立建设官方网站时的重点，而这一切又都在为你的故事服务。

写故事的时候，千万要记住：诚实才是讨人喜欢的东西，而人们认为行话是不诚实的。消费者觉得行话都是胡言乱语，并且下意识地认为：说行话是为了掩饰什么见不得人的东西。

所以，尽量保持脚踏实地。真实的情感总是比夸大其词更能建立联系。

另外，不要用力过猛。试想一下，如果一个人在讲笑话之前就宣布："我来说一个有趣的笑话！"那么在场的每个人都会在心里暗想，"是不是有趣，得我们听众说了算"。这么一来，讲故事的难度就会增加。事实上，你提前公布它有趣这件事就已经削弱了它的趣味性。

顺便说一下，这项理论同样适用于创造力。向他人宣布你很有创意简直是在自寻死路。学习谦卑。空谈不如实践。

所以，没有必要用力过猛。专注于坚守自己的价值观。如果你还没有建立自己的价值观，回到前面的章节，做一些练习，这样在我们进行到后面几步时，你就可以牢记自己的价值观了。

随着时间的推移，如果你讲的每一个故事都能支持你的整个主题，它们就会成为一个更宏大故事的组成部分。你品牌背后的概念或理念都会闪闪发光。例如，苹果设计创新的每一个小故事都增强了苹果传奇式设计哲学的力量。同样，每一个关于你如何在生活上帮助他人或解决他人问题的故事，都会成就并扩展你公司的使命。

人们说：行动能定义一个人的性格。其实，品牌也是如此。你做的每件事，都应该成为更宏大主题的一部分。

有一种简单的方法可以让你在构建主题时保持正确的方向。接下来，我们就来看一下。

保持真实

罗伯特·麦基（Robert McKee）是享誉国际的写作坊讲师、剧本顾问，同时也是一本极具开创性的书《故事：材质、结构、风格和银幕剧作的原理》（*Story：Substance，Structure，Style and the Principles of Screenwriting*）的作者，他在这本书中提醒作家们"故事就是发掘出一项普遍的生活经验，然后用独特的文化将其包装、表达出来"。

当我们为自己的生意创作故事时，很重要的一点是：不断提醒自己，最好的故事往往是可信的，是听起来真实的。这就是为什么只要你经常四处观察，眼观六路，耳听八方，就可以找到很精彩的故事。回想一下你的过去，或者你公司的历史。讲述包含真实事件、真实人物和真实情况的故事。任何你觉得有趣的事情都可以加工成一个故事，你的受众也会产生认同感。

在电影甚至科幻小说中，优秀的故事其实和我们每个人的生活经历都有共同点，只是故事所发生的"世界"有所不同。"真实"是指人物的感受，而不是周围的环境。电视剧《星际迷航》（*Star Trek*）之所以成功，不是因为它的特效，而是因为它和我们所有人的道德、情感以及生活的挣扎有关。

另一个能让你的故事在现实中扎根的办法，是让你的客户来创作你的故事。由客户创作的内容是伟大的，不仅因为它是真实的，还因为你可以相当肯定它能直击目标。如果一个客户在某个问题上有所挣扎或最终克服了困难，你肯定也明白：还有更多和他一样的客户。这是一个节省时间的好方法！它是寻找伟大故事的捷径，因为你不必从头开始。你所需要做的，就是重新架构它，并精心创作。

保持故事的真实性就像使用指南针，这么一来，当它偏离你的主题太多时，你一下子就能发现。

搜集客户故事并不难。你可以只是倾听你的客户，并在他们讲自己的故事时找到亮点，或者给你的受众发一个调查问卷，又或者干脆给他们打个电话，请他们说出自己的故事。

客户的亲身体验不仅能帮你明确目标，还能帮你避开刚开始讲故事时容易落入的陷阱，这也是我们接下来要说的。

故事里的"我"

你可能听过一句老话："团队中没有'自我'。"你的故事里"自我"的因素越少越好。在最好的营销故事中，产品（你）是涵盖在背景里的。讲故事时，要把重点放在故事上，而不是推销品牌或产品。就像其他形式的内容营销一样，你的故事最终会帮你推销产品。

如果你讲述的是一个产品故事，那么产品自然会占据中心地位。故事的主要内容就是它的优点。但是，要记住，这不是关键。一般来说，推销的内容越少越好。在许多故事性极好的广告中，甚至没有提到产品或品牌。

好的故事能在不直接表达的情况下反映出产品的优点。受众会在他们的头脑中建立起这种关联，而他们自己建立的这种关联往往比你告诉他们的更强大。

在考虑故事的人物时，要选择能反映你市场价值的人。你所选择的人物应该是可以得到受众认可的，人们会说：

"那家伙和我一样"或者"我认识的姑娘里就有那样的"。有可能的话，选择真实的客户和员工是最好的。

除了在你的故事中反映出你理想的受众之外，还有另外一种工具可以让你的故事立刻吸引他人的注意力，也就是我们接下来要说的。

视觉语言

一张图片，再加上一段视频，所表达的信息抵得过一千多个字。这一点也不夸张。你在故事中加入的视觉元素越多，意义就越深入，能告诉受众的内容也就越多。事实上，你可以只用图像而不用任何文字讲完一个故事。视觉元素使故事更有效，是因为它们更能直接触发情绪。

你不一定需要图像来触发视觉反应。尽可能多地使用视觉语言。要怎么做呢？用细节。你可以在描述中加入更多的细节，它就会变得更直观。在你创作故事的时候，不要让自己显得高高在上、"文学性"过强。就用一种简单、直白的语调来讲述你的故事，会让你的受众更容易理解和感悟。如果你实在不擅长写作，可以雇一个写手，以你的大纲为基础，扩展你的故事。

图像还有额外的好处。在社交媒体上，你用的图像越有趣，它被分享的可能性也就越大。

不过现在，试试在描述人物和情况时尽可能地详细，用你的话来画一幅画。

一些企业家发现这样的调整很困难，因为讲故事并不是他们的长项，至少目前还不是。如果你需要帮助，完全可以与擅长做此事的人合作。毕竟，每一步都是可以外包出去的。

但当与客户合作时，即使有人为你创作了百分之百的内容，我们也依然建议你积极参与到主题和角色声音的开发中，因为这是你的故事，所以它听起来应该属于你！

现在，你已经具备了开发故事的基本要素：你的目标和价值观，你的声音，理想的受众和他们的愿景。我们着眼于故事的起点，以及如何利用创意不断打造强势品牌。在下一章里，我们将聊聊那些你可以立即用上故事的地方。

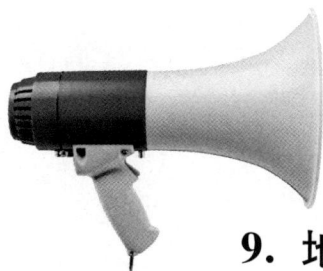

9. 地点和时间

讲故事的地点

既然你有了主题、声音和一些故事的灵感，接下来就需要决定在哪里讲述你的故事了。有很多地方适合讲故事，多种媒介可供选择。总的来说，记住：决定你讲故事的地点和形式的最重要因素，是你的目标市场所在地。

你心目中理想的受众会消费什么样的媒体？有些人喜欢阅读文本内容，有些人却不喜欢；有些人更喜欢图像和视频。你需要了解在你的市场中，人们愿意消费哪些内容，然后对你的个人展示作出调整。

首先，我们来看看都有哪些地点适合让讲故事初学者作一次尝试。

你的"关于页"

你的网站对于讲述你的故事来说，是一个很好的起点。网站内容不是凿在石头上一成不变的铭文，所以网站是一个测试故事的理想平台。

很多公司把自己的故事作为网站"关于页"的一部分。在大多数情况下，"关于页"是继网站主页之后人们会第二个访问的页面。但是，如果你的网站和大多数网站一样，把"关于页"做得就像一份简历，那就太浪费了，因为这样做没有什么价值。你是在让访客自己花时间探索，以确认你究竟是不是他们想进一步了解的对象。

告诉你一个秘密吧：你的"关于页"应该是关于访客的！

先来看看你的"关于页"可以如何运用故事的元素吧。首先，描述你或你的客户所经历的"从前"，如果你的描述足够生动，那么你从一开始就能吸引住网页访客。然后，你就能带着访客踏上一段不长的旅途。

无论故事是关于白手起家、胜利归来还是一场喜剧，你的访客都会很容易记住你、你的核心价值观和你所提供的产品。他们也会开始了解和你一起工作的感觉——这可比你列一堆资质或以往的成就更有说服力。

再告诉你一个窍门：等你完成了适合列在"关于页"的故事，我建议你把它做成一段视频。不需要很长——一段简单直接的小视频可以更快速地帮助企业建立与客户之间的关联。你的受众不仅能明白和你一起工作的感觉，还会觉得更"了解"你了。而如果他们处于销售周期的购买阶段，这种熟悉感就会产生回报。

你的博客

你自己的故事和客户的故事都很适合作为博客的内容。博客，一直以来都是为讲述个人故事服务的，这也是当初它被发明出来的原因。博客发端于网页日记或在线日记。如果你想用博客讲述自己的故事，让其出彩的关键在于往故事里加入"打包"内容，或从故事里提炼出建议和见解，这些内容可以帮到你的读者。

博客也很适合用来测试你的一些故事。每篇博客文章都可以成为整个"剧情"的一部分，这让你的受众有了和你一起前行的感觉。共同的旅程可以帮助你们建立更为牢固的关系。

这种融洽的关系会给你带来丰厚的回报。你的目标受众，通过阅读你的一系列博客文章——这些文章虽然发表时间不同，但有着同一主题——能从中看到你在这个话题上的专业性。这有助于建立信任，虽然你还没开始做任何推广。当购买阶段来临时，这些受众很可能会选择跟自己信任的人合作。

再给你一个小建议：在博客上，即使你写的已经很有画面感了，也还是应该尽可能多地包含图像和其他视觉元素。

人们读博客文章时，通常都会快速浏览，图像往往能在人们快速下翻时吸引他们的注意力。正如我们前面讨论过的，如果你的博客文章被分享出去，一篇带图片的文章点击量会比没有图片的文章高很多。

社交活动

面对面的场合是练习讲故事的另一个好场景。你可能听说过在电梯里开展的社交。电梯演讲（电梯游说）是对你生意定位的简短陈述，经常被用来作为社交活动的开场白。它被称为"电梯演讲"，是为了让你想象一个场景：要在很短的时间内表达出所有重要信息，就像你和一位重要的潜在客户一起踏上了电梯，你必须在电梯到达目的地之前展开攻势。（虽说我也乘过速度很慢的电梯，但你懂我的意思就好。）

电梯演讲的目的是简洁地告诉受众你能做什么、你能如何帮助他们。电梯演讲不是为了娱乐，即便你的受众对此感兴趣，它也没有决定性的效果。

电梯演讲有一定的风险，不只是有销售攻势太猛的可能性，更重要的是，如果你的受众对此不感兴趣，你的谈话很可能在当场就"死"得很难看。

也可以试试另一种方法：在下一个社交场合中，先倾听，然后借助故事的元素，从我们先前讨论过的故事类型中选一个适当的讲出来——可以是关于客户如何解决类似问题的故事。如果你选择的故事与对方所说的有所关联，就可能激发积极情绪——你能看出来他们想听更多。这就是你可以用上电梯演讲的时刻了，毕竟你的听众表达了自己的意愿。

一旦能娱乐或启发到某人，他很可能想要听到更多。如果遇到特殊情况，他不感兴趣，那么至少会给他留下一种印象：你是一个为谈话增添价值的人，而不仅仅是一个销售人员。

你的邮件

如果你通过邮件营销，把故事变成你发给客户的邮件的一个组成部分，就能提高你的点击率，帮助你巩固品牌形象。即便你没有通过电子邮件营销，但当你创作并通过其他渠道——比如博客——发布你的故事时，也一定要让你的电子邮件客户列表中的客户知道。

说到电子邮件，有一个非常常见的缩写词：TLDR①。

---

① 即 Too Long, Didn't Read。

它的意思是"太长不看"。电子邮件应该十分简短，有专家甚至说一封邮件应该只讲五句话。我也同意这一点。所以，你只能讲很简短的故事（小故事），或者在大多数情况下，只能讲故事的一部分（大故事的小片段）——那些能给邮件增添风味和内容。

如果你想用邮件发送企业新闻，可以用短故事或故事的开头片段来吸引人们点击阅读完整的博客文章。记住你的主题和品牌的"声音"，这样一来你的电子邮件才不会被人忽略。你所希望看到的，是每个客户接触点都能成为整体的支撑点。

那么，现在你已经知道了几个好的场合，可以用来练习你讲故事的新技巧。挑一个，今天就开始练习。然后，当你感到得心应手时，可以选择一些新的场景，把故事引入你的商务交流中去。但那里也不是终点。讲故事是一种持续的实践。

在下一章中，我们会讲到如何继续这样的旅程。

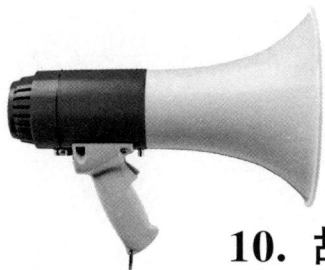

10. 故事的展开

故事中的故事

一旦你完成了之前的"作业",找到了你的主题,找到了你的角色原型和声音,就不一定要在所有场合都完整讲完你的故事。选择最适合当天讲的情节。随着时间的推移,你可能会发现,你需要多个故事来阐述你生意的各个方面。

你的故事自然会随着时间而发展。那是必须的:因为你无法预知未来,所以你的故事还不是完整的!

把它看作分期付款的第一笔款项。你可能已经完成了第一笔支付,那是关于你如何构建自己业务的故事,接下来就是成长阶段的"分期付款"了。"分期付款"可以按时间顺序排列,但也不一定。

"分期付款"可以是在同一个大故事的前提下互相关联的小故事。比如,举个经典的例子——《一千零一夜》(也称《天方夜谭》)。故事由谢赫拉莎德(Scheherazade)讲述,每一个故事都是独立的,但又是故事集的一部分。这就相当于你创作了一系列主题或话题类似的短篇故事。

另一种有效的讲故事技巧是把故事分成几章,章节不必完全独立。就像电影中的场景一样,章节会分为开头、中间和结尾,但是,一章的结尾通常会让读者想继续读下一章。

这是一种很好的方法，能让你的受众期待下一次的"分期付款"。

随着你的进步，越来越多的受众不仅会关注"下一章"，还会开始期待和你的下一次交流。当这种情况发生时，你的潜在受众开始从普通听众转变成忠实的粉丝群体，他们了解你，喜欢你，也信任你。他们会听从甚至分享你的建议。当你的粉丝们推崇你时——而且是出于他们自己的意愿——你的获利将是空前的。

让我们迅速看一看，怎样才能推动这样的事情尽快发生。

值得分享

当你开始讲述你的故事时，要留意人们的反应。有些部分会受到好评，有些则不那么受欢迎。某些部分会比其他部分更好地引发共鸣。而有些，则会真正地被分享出去。

如果你的故事能被分享，那么它就比免费广告更有效。而且，这和付费广告不一样。被分享的故事更有个人特色，它更像是个人推荐，因此它的含金量更高。

那么，怎样才能让你的故事被分享呢？

你有没有参加过鸡尾酒会——或者任何聚会——并分享

你之前在收音机里听到的一个故事？或分享关于你今天早些时候路上遇到的事情？你感觉怎么样？你觉得，你为什么要分享这些故事？

如果你和大多数人是一样的，那么你分享一个故事，往往是因为你认为它会启发或娱乐你的听众。它使我们感觉良好，并能很好地反映我们的价值，就好像当我们帮助了他人时，我们会觉得这从某种程度上反映了我们的价值。

你是否有过这样的体验：参加一个派对，也许还是之前那个聚会，无意中听到有人分享他们听到的故事，而这个故事和你刚才所讲的一样？他们在分享你的故事！你认为他们是什么感觉？是什么让他们分享了一个根本不是他们自己的故事？可能和你最初讲述它的原因一样——启发或娱乐他们的听众。他们可能感觉很好，因为他们在谈话中增加了价值。这个故事能反映他们自己的价值，而且，从某种程度上说，能和这个故事联系在一起也让他们很自豪。

有了一些好的反馈，你就会感到自豪，这是一种很强烈的情绪。

所有被广泛分享的内容都有一个共同点——激起强烈的情感。它们触发了与受众紧密相连的价值观，而正因为这种价值观对受众很重要，所以他们也希望把这种价值观传递出去。

这些故事可以是令人敬畏的、有趣的、动人的、富有启发性的、鼓舞人心的、令人震惊的、可爱的、可怕的、令人愤怒的或富有争议的。当然，你要确保其调性适合你的品牌和受众。要注意你的故事触发的情绪中哪些反应更为强烈——正是它们能促进故事的传播。

现在我们来谈谈，如果你的故事没人分享，你应该怎么做。

修正

故事是建立在人们认为重要的东西之上的。当我们讲故事时，我们是在把我们认为重要的东西广而告之。

——唐纳德·米勒[①]（Donald Miller）：
《跨越千年的百万英里：我在编辑人生时所学到的东西》
（*A Million Miles in a Thousand Years：
What I Learned While Editing My Life*）

很少有人在第一次尝试时就能完美呈现他们的故事。但这并不代表失败。观察听众的反馈，不断完善你的故事，直

[①] 唐纳德·米勒，故事品牌（Storybrand）创立者，《你的顾客需要一个好故事》一书作者，中译本由中国人民大学出版社翻译出版。

到一切达到你的预期。

即使你的前几次尝试都没有你想象的那么完美，你讲故事的能力也会越来越强。只要你坚持自己的价值观、你的目标和你的主题，你就会朝着正确的方向前进。把有用的部分留下来，改掉剩余的部分。

永不停息。只要练习，你就能进步。

随着你自身的成长以及你生意的发展，情况会发生改变。你会有更多可以用到故事里的素材。你需要一直调整你讲述故事的方式。记住，表达同一主题的方式有很多种，所以不要觉得哪个故事是必须板上钉钉、一成不变的。

长期以来，大品牌商一直在讲述他们的故事并不断加以演变。我们根本没有注意到这种演变，因为它跨越了数年或数十年。你可能担心你对故事的改变过多，但这种改变只有你知道，你的受众并不了解。毕竟，世界上除了你以外的其他人，都不会在你的故事上花这么多心思。好消息是，他们其实很容易接受你的故事，并把它们看作变奏曲。

所以，不要害怕修改自己的故事。事实上，你应该有心理准备。

这是不得不迈出的一步。

未完待续

我在这本书里提供了很多方法。你的脑海里可能已经充斥着故事的灵感，以及可以针对自己企业的用法。你也许会觉得信息量太大，并担心自己很难"做得对"。

让我们先快速回顾一下，然后讨论如何马上将这些元素应用到你的生意中去。我们讨论了为什么故事如此吸引人，以及它们是如何让你显得独一无二，和那些只会夸大其词、说行话的企业区分开来的。我们研究了如何真诚地为自己创造一个更真实也更强大的故事基础。

我向你展示了你的价值观和你的品牌之间的神秘联系，以及它又是如何与你的受众群体建立无与伦比的关联的。之后，我们研究了如何使用多种类型的故事来与你的受众产生共鸣。再之后，我们分析了一个好故事的结构、基本情节和元素。随后，我们探讨了如何有效地将元素应用于你自身和你的业务、如何找到你的主题和角色声音。最后，我们讨论了如何开始、在哪里开始讲述你的故事。

没错，信息量确实挺大的。如果这一堆内容里有你不熟悉的领域，你可能会感到不知所措，也不知道下一步该怎么做。如果你对故事的结构比较熟悉，你可能会无视我的建议——但依然止步不前。不管你是哪一类人,我都希望你能重新阅读每一章,在读完每一章之后,把如何应用于自身的想法写下来。

做完了这一步,如果你依然觉得寸步难行,那么你就要明白:你可以寻求帮助。

你可能会想到,我的公司会提供进一步的培训和帮助,协助个人和企业主更好地讲出引人入胜的故事。你猜得没错。

我们帮助过大大小小的组织,从自由职业者到非营利组织,从艺术家到会计师。他们的成功都得益于使用了讲故事的技巧。

登录 https://dontsellmetellmebook.com/profit/,可以看到我们帮助客户提高流量和销售机会的详细案例。

那么,你的故事是什么?

如果你想重建信任,并以一种有意义、持久的方式与你的受众建立关系,你就不能和别人说一样的话。别像其他人那样说话,说出你自己独特的故事。

一旦你做到了这一点,合适的对象就会做出反馈。不是每个人都会回应,那没关系。事实上,这才是我们需要的,因为这么一来，你所建立的联系才会更强大，对你和你的生意也更有好处。

想象一下：创建一个小组，里面都是对你要说的话感兴趣的人，他们甚至迫不及待地想听你接下来要说的话。当你和你的准确受众一起工作时，这样的工作才更轻松、更有利，也更有益。

创作独特的故事并不复杂，但需要付出一些努力。读这本书的人中，只有很少一部分人会就自己的灵感采取实际行动，并将其应用于自己的事业中。

我希望你是少数人中的一个，决定从今天起讲述自己的故事。人们期待着你的故事，我也是他们中的一员。

你将彻底改变你的事业。你将重写你的商业故事。你人生的下一章，掌握在你自己手里。

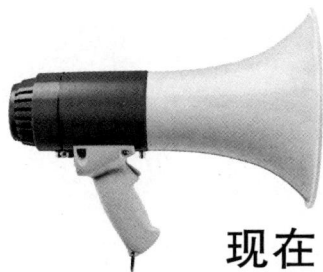

现在，轮到你了

曾经想过把你自己的故事变成一本书吗？

如果你了解我，你就会知道我是个完美主义者。这意味着，我需要很长的时间迈出项目的第一步，在整个创作过程中也没人觉得我"速度快"。但是，有了"个人出版学校"的帮助，我从零开始写书到书籍出版只历时 3 个月！

非常酷！

更酷的是，我可以通过免费的视频介绍自己的三步蓝图。

参见 https：//dontsellmetellmebook. com/sps。

所以，即使你很忙，不擅长写作，或者不知道从哪里开始，你也可以写一本畅销书，引领自己的生活走向美好。

"个人出版学校"拥有各种不同领域、专业的工具和经验，可以说，有了它的帮助，你的书就能顺利迈向出版。

所以，别做梦了，快开始写作吧！

以下系列免费的视频，可以帮你向畅销书作者之路说"好"：

https：//dontsellmetellmebook. com/sps

（真的，你还在等什么呢？）

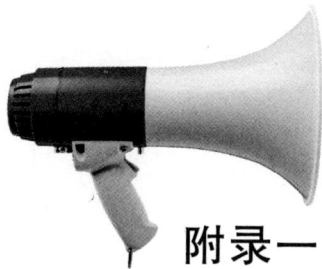

附录一　讲故事工作手册

适合讲给受众听的最好的故事类型

你可以讲述的故事种类很丰富。故事可以用于建立信任、触发客户情感、展示你独特的定位，创造一个更令人难忘、表里如一的品牌。

你已经了解不同故事的梗概了，哪一类故事对你而言是最容易下笔的呢？把你想到的内容记下来，见表1。

表1 故事类型

企业/品牌故事	
个人故事	
产品故事	

续前表

客户故事	
员工故事	
案例研究	

你可以使用的七种常见故事模板

以下七种经典故事情节，哪一种最能与你的品牌产生共鸣？你的故事会包含哪些内容？写下1～3个想法，见表2。

表 2   七种常见故事模板

斩妖除魔	1	
	2	
	3	
白手起家	1	
	2	
	3	
一路追寻	1	
	2	
	3	
远行与归来	1	
	2	
	3	

续前表

	1	
悲剧	2	
	3	
	1	
喜剧	2	
	3	
	1	
重生	2	
	3	

你代表着什么？

你所有故事里的主题、道德精神，都必须和你的价值观相关联。你越诚实，你的主题就越鲜明。主题越鲜明，你的品牌也就越强大。

以下练习能帮助你定义自己的核心价值及目的。

1. 尽可能多地思考一下：你为什么要做你正在做的这件事。是什么促使你每天早上起床？是完成工作所收获的赞誉和肯定吗？是为了获得荣誉并得到同行的尊重吗？是为了造福周围的人吗？还是为了帮助有需要的人？或是因为看到有相似的成功案例？列出尽可能多的想法，除了金钱以外。

_____

_____

_____

_____

2. 列出你擅长的每一件事，不管你是否喜欢它，或者你认为它对你的生意是否有任何价值。只需要尽可能多地写下你擅长的事情，能想到的都写。人们在工作和生活中最常问你些什么？你不需要成为全世界最强的人。继续写下去，直到这张纸上写满你的技能。

_____

_____

_____

3. 接下来, 写下你的生意中你喜欢的每一件事。诚实地回答这个问题, 不要愚弄自己。如果你讨厌某些内容, 不管业务是否需要, 都不要把它写下来。如果你喜欢某个方面, 即使你目前还没有从中赚钱, 也要把它写下来。你只需要在这张纸上写满你的生意中你喜欢的一切事情。

4. 寻找故事的模式和主题。在你的技能和喜好之间找到重合的部分, 以此作为切入点。例如, 你是一个擅长社交的人吗? 你是一个事无巨细的人, 能从策略中找到乐趣吗? 理想的情况下, 你应该继续写下去, 直到你找到 5~10 件能结合你的能力与兴趣的事, 并构建切入点。

5. 现在，是时候明确你的主题了。站在你的立场来陈述它。大胆点没关系。当人们选择和你合作时，你能承诺他们什么收益？你能带给他们什么？你相信什么，有什么是你永远不会放弃的？对这个世界而言，"你的承诺"又是什么？

_____

_____

_____

_____

6. 另外，陈述你所反对的事物也是很有价值的。在你所在的行业或生意中，有什么让你感到愤怒？当人们与你交往时，他们永远不会得到的是什么？把这些写下来。我们将开始深入你最有价值的核心部门。这也是你的客户希望看到的。

_____

_____

_____

_____

找到你的声音

表3汇总了十二种原型的声音，可供企业根据需求检索。

别卖给我，讲给我

表 3

十二种人物原型声音

原型	座右铭	核心愿望	目标	策略	天赋	缺点	最大的恐惧	又可称为
1. 天真者	自由地做自己	去天堂乐园	要快乐	做正确的事情	信心和乐观	天真无邪得非常无趣	因为做坏事或做错事而受到征罚	浪漫主义者、传统主义者、幼稚的人
2. 普通人	所有人无论男女生而平等	与他人有所关联	有所属	发扬平凡可靠的美德、脚踏实地、平易近人	现实主义、真实	为了融入团体或维持表面的关系而失去自我	被排除在外或在人群中过于显眼	普通男女、隔壁邻居、现实主义者、可靠的公民、好邻居
3. 英雄	有志者，事竟成	通过勇敢的行为来证明自己的价值	掌握改善世界的方法	尽可能地坚强能干	能力和勇气	傲慢，总是需要挑战	自己的弱点、脆弱，成为"胆小鬼"	战士、救援者、士兵、屠龙者
4. 照料者	爱人如爱己	保护和照顾他人	帮助他人	为他人做事	同情心、慷慨	牺牲自我和被剥削	自私和忘恩负义	圣人、利他主义者、父母、助手、支持者
5. 探索者	不要禁锢我	拥有通过探索世界来寻找自我的自由	体验更美好、更真实、更充实的生活	旅游、找寻和体验新事物、摆脱无趣	自主、富于雄心、忠于自己的灵魂	漫无目的地流浪、与周围格格不入	被困住，与人雷同和内在的空虚	追寻者、流浪者、个人主义者、朝圣者

续前表

原型	座右铭	核心愿望	目标	策略	天赋	缺点	最大的恐惧	又可称为
6. 反叛者	规则是用来打破的	复仇或革命	推翻没用的一切	破坏、摧毁或震撼	粗暴、激进的自由	容易步入歧途、犯罪	无力或无能为力	革命者、狂妄者、显得格格不入的人、不法之徒
7. 爱人	你是唯一	亲密和体验	与喜爱的人、工作和环境在一起	变得越来越具有身体和情感上的吸引力	激情、感恩、欣赏和承诺	可能会为了取悦他人而失去自我	独处、成为局外人、不被需要、不受欢迎	伴侣、朋友、亲密的人、热心肠、感性主义者
8. 创造者	只有想不到、没有做不到	创造价值持久的东西	实现愿景	发展艺术控制力和技巧	创造力和想象力	完美主义、半途而废	平庸的愿景和行为	艺术家、发明家、创新者、工匠、音乐家、作家、梦想家
9. 小丑	这辈子只活这一次	充分享受当下的每一刻	享受美好时光、点亮世界之光	玩要、开玩笑、让自己变得有趣	喜悦	轻浮、浪费时间	感到无聊或让他人感到无聊	愚人、骗子、丑角、喜剧演员

续前表

原型	座右铭	核心愿望	目标	策略	天赋	缺点	最大的恐惧	又可称为
10. 圣人	真理必叫你们得以自由	寻找真理	利用智慧和分析来了解世界	追寻信息和知识；自我反思，理解思考过程	智慧和才能	可能会始终研究细节，却永不行动	被欺骗、误导或无知	学者、侦探、哲学家、研究员、导师
11. 魔术师	我创造事物	了解宇宙的基本规律	让梦想成真	发挥想象并以此为生	找到双赢的解决方案	爱指使他人	意想不到的负面后果	远见者、催化剂、萨满、治疗师、巫医
12. 统治者	权力不是一切，而是唯一	控制	创造一个繁荣、成功的家庭或组织	行使权力	责任心、领导力	专制、不易指派	混乱、被推翻	老板、领袖、贵族、国王、女王、政治家

130

这些原型里，哪一个最能反映你的价值观？这些原型中最基本的愿望、恐惧、目标和天赋里，哪些与你的核心价值观和目标相一致？你的观察能为你提供一个好的起点，从而开发你的品牌声音。

你的故事结构

用三幕剧结构来构建你的故事，见表 4。

表 4	三幕剧结构

第一幕
描述"曾经的"或当前的世界，以及你故事的主人公/主角。
描述定义主角需求的煽动性事件。
描述召唤主角行动的危机。

续前表

第二幕
描述试图解决这个问题的"老办法"。
描述主角在解决问题途中遇到的最大阻碍。
描述能帮助主角改变的导师。

第三幕
描述主角为克服难题所做出的改变。
现在主角已经有所改变，描述一下新的世界是什么样子。

续前表

冲突
描述其他矛盾冲突（无论是内部的还是外部的），可以增加故事的悬念感和期待值。

高潮
描述主角所做的其他改变（无论是内部的还是外部的）或主角所面临的恐惧，这会让故事更富有情感和启发。

故事检查表

在创作你的故事时，可以使用表5的清单，看看你的故事里能包含多少关键元素。你可以在空白处做笔记。

表5 故事检查表

编号	元素	说明
	我的故事是真实的，也是真诚的。它和我的受众有所关联。	
	人物角色是可信的。角色能反映受众群体的价值观。	
	加入悬念和紧张感，让受众对故事保持兴趣。	
	把启示融入你的故事中，鼓励受众采取行动。	
	结构：我的故事有开头、中间和结尾。	
	仔细考虑冲突、解决方法和"高潮"。	
	促销信息越少越好——把产品放在故事背景里。	
	不明说，但要把产品的优点展现出来。	
	是否有一个更大的故事，能把我的故事包含进去。	
	我品牌的声音和原型贯穿整个故事。	
	如果这个故事分为几节讲，我的受众可以听懂吗？	
	加入强烈的情感，让故事更有分享价值。	
	为了增加分享的可能性，给故事加入视觉元素。	

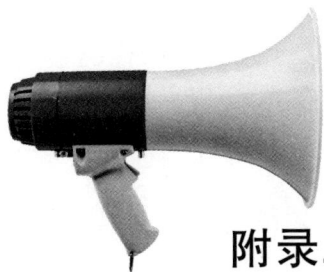

附录二 讲故事时要避免的十个错误

1. 没有共鸣的角色

每个故事都需要主角。需要这样一个角色，让人们有认同感，并且在故事展开的同时不自觉地支持他的一举一动。创造一个可以让人产生共鸣的主角，让你的受众情不自禁地支持这个角色。

2. 太多事实

既然故事包含了情感，你就不需要堆砌过多的数据来表达观点。事实上，过多的统计资料反而会影响故事主线，起到反效果。

3. 情感缺失

故事里包含的情感能刺激到受众，能启发他们展开行动。一定要保证你的故事里包含多种情感。

4. 疲软的开场

前言过多可能会让受众在你的故事开场之前就失去兴趣。有时，故事不一定要从头开始讲。你可以从一个关键的时间点展开，再补充细节。

5. 冗长

你最不该展现出的一点就是无聊。最适合用来营销的故事都是简短但直击核心的。用简洁的方式布好场景，展现冲突并且解决问题。

6. 推销

你的受众在千米之外就能嗅到推销的味道。如果故事出现产品的信息，它应该是微妙且自然的。你的重点应该是讲述故事，并且得到情感回馈，这在将来能转化为销售量。

7. 缺少冲突

没有戏剧冲突，就没有故事。有冲突才能推动剧情，并吸引你的受众。

8. 满嘴胡话

不要愚弄自己。你的受众能察觉你在胡说八道。保持清醒，让你的故事尽可能真实，因为真实的故事才更有效。

9. 揣测你的受众

不要想当然地认为你知道你的受众在想什么。多看数据：他们喜欢什么、不喜欢什么，他们遇到的挑战，他们的价值观。如果可能的话，请他们直接反馈给你。

10. 自说自话

不要讲那些只有你觉得有意思的故事。创作和你的受众、目标市场有关的故事。

致　谢

　　我谨对以下几位为本书作出宝贵贡献的人表示感谢：

　　谢谢我的妻子特莉，她让我的生意和生活都更加丰富、真实，这是一切灵感的前提。

　　谢谢道格·巴里（Doug Barry）和斯科特·阿兰（Scott Allan），是你们让我担起责任。

　　谢谢钱德勒·博尔特（Chandler Bolt）和"个人出版学校"的团队，你们真的有两把刷子。

参考资料

以下是本书中提到的参考资料：

《千面英雄》——约瑟夫·坎贝尔

《诗学》——亚里士多德

《七种基本情节》——克里斯托弗·布克

《故事：材质、结构、风格和银幕剧作的原理》——罗伯特·麦基

《作者的旅程：作家的神话结构》——克里斯托弗·沃格勒

案例分析：

创造表里如一、引人注目的内容是如何增加竞争力和销售量的？

创作故事的过程中需要帮助吗？

十字弓工作室（Crossbow Studio）——独立电影及视频制作公司

利润弓箭手（ProfitArcher）——数字营销，专注于提高你的竞争力

图书在版编目（CIP）数据

别卖给我，讲给我／（美）格雷格·科翰（Greg Koorhan）著；吴少骊译．—北京：中国人民大学出版社，2018.6

书名原文：Don't Sell Me，Tell Me

ISBN 978-7-300-25766-2

Ⅰ.①别… Ⅱ.①格… ②吴… Ⅲ.①企业管理-营销管理-通俗读物 Ⅳ.①F274-49

中国版本图书馆 CIP 数据核字（2018）第 087968 号

别卖给我，讲给我

[美] 格雷格·科翰　著

吴少骊　译

Bie Maigei Wo，Jianggei Wo

出版发行	中国人民大学出版社	
社　　址	北京中关村大街 31 号	邮政编码　100080
电　　话	010 - 62511242（总编室）	010 - 62511770（质管部）
	010 - 82501766（邮购部）	010 - 62514148（门市部）
	010 - 62515195（发行公司）	010 - 62515275（盗版举报）
网　　址	http://www.crup.com.cn	
	http://www.ttrnet.com（人大教研网）	
经　　销	新华书店	
印　　刷	北京德富泰印务有限公司	
规　　格	148 mm×210 mm　32 开本	版　次　2018 年 6 月第 1 版
印　　张	4.875 插页 2	印　次　2018 年 6 月第 1 次印刷
字　　数	78 000	定　价　48.00 元

会讲故事，定能让你在商界如虎添翼，无往不利。"讲故事，战商界"实战三部曲，让你从入门到高手，鏖战商界之颠。

《做个会讲故事的人》

作者：【澳】加布里埃尔·多兰

定价：42.00（平装）

ISBN：978-7-300-25213-1

页码：209

- ◆ 告别无聊、乏味的沟通方式，用打动人心的故事传递商业信息。
- ◆ 加布里埃尔·多兰，世界级商业故事大师，教你做个会讲故事的人。

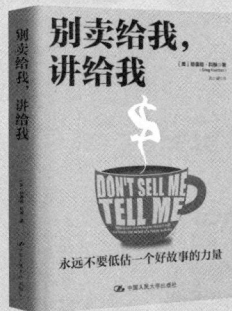

《别卖给我，讲给我》

作者：【美】格雷格·科翰

定价：48.00元（精装）

ISBN：978-7-300-25766-2

页码：141

- ◆ 永远不要低估一个好故事的力量。
- ◆ 获奖电影人、营销专家格雷格·科翰，教你把故事的力量运用到企业中。

《你的顾客需要一个好故事》

作者：【美】唐纳德·米勒

定价：68.00元（精装）

ISBN：978-7-300-25767-9

页码：289

- ◆ 亚马逊五星好评，畅销经管图书。
- ◆ 让顾客成为故事的主人公，是那些现象级公司成功的秘诀之一。
- ◆ 《纽约时报》畅销书作家、亚马逊五星好评作者唐纳德·米勒，手把手教你打造故事品牌。